岡山・倉敷

# こだわりの上等なランチ

Word inc. 著　Mates-Publishing

CONTENTS

# 本書の使い方

**エリア**

岡山市北区、岡山市南区、岡山市東区、岡山市中区、倉敷市の5つのエリアです。

**ランチ写真**

メインをはじめ前菜やデザートなど、ランチメニューの写真です。

**店名**

取材にご協力していただいたお店の名称です。

LUNCH OKAYAMA-KURASHIKI

倉敷市

1. 無添加住宅で建てられたオーナーこだわりの体に優しい店舗。 2. オーナーシェフの片岡さん。3. 人気の「和牛ランチ」食後のドリンクに付いてくる一口デザートが嬉しい 4.「前菜」サーモンの炙り焼き・ほうれん草と卵黄のソース（週替わり）付け合わせのフキノトウのベニエが季節を感じさせる

More Menu

スタンダードランチ／1836円 てんとうむしランチ／2916円 てんとうむし和牛ランチ／3456円 朝ごはん／ドリンク料金プラス216円〜【ディナー料金目安／ひとりあたり 2000円〜】

DATA

住 倉敷市広江2-6-1
電 086-455-0863
時 7:00〜17:00(火・木・金)、7:00〜20:00(土・日・月) ※ランチは11:30〜14:30 ディナーは17:30〜(土・日・月のみ営業)
休 水曜、第1水曜日に続く木曜日 P 8台
HP tentoumushi2013.com
交 JR倉敷駅からバス約20分「広江」下車、1分
席 テーブル30席
カード 不可 喫煙 禁煙 予約 可

117

表面はカリッと香ばしく、中はしっとりジューシーな和牛ロティ

和牛ランチ 2376円

○前菜 ○スープ ○和牛のロティ ○パン or ライス ○ドリンク

倉敷市／創作料理

カフェ＆レストラン

**てんとうむし**《てんとうむし》

体に優しい味を。オーガニックテイストの創作フレンチ

県内屈指の有名ホテルで腕を磨いたシェフが作り出す料理は、「毎日でも食べてもらえる体に優しい料理」がコンセプト。日本人の味覚に合わせ、大根おろしやしょう油など和のエッセンスを取り入れた、無添加にこだわった創作フレンチ。旬の食材を使い、季節を感じさせる前菜、野菜の甘みが体に染み込むようなポタージュ、上質な肉のうま味を引き立てる味わい深いマデラソース。ちょこんと付いてくる一口スイーツ。どの一皿も一口食べれば口いっぱいに幸福感が広がる。「優しさ」へのこだわりは料理だけでなく、車椅子でも利用可能なトイレ、地元真備の竹を使ったテーブルなど、バリヤフリー仕様で建てられた店内の至る所に表れている。4000円以上のコース料理を予約すれば、定休日であってもパーティや貸切りに応じてくれる。欧州では幸福のシンボルとされる『てんとうむし』で至福のひとときを。

116

**More Menu**

ランチ、もしくはディナーでオーダー可能なメニューを記載しています。

**ショップDATA**

住所、電話番号、営業時間、定休日、駐車場、ホームページ、アクセス、クレジットカートの使用可否、席数、個室の有無、禁煙・喫煙などの情報を記載しています。

**menu**

紹介するランチの名称・金額・料理名を記載しています。

**本文**

実際に取材した内容を記載しています。季節によって内容が変わる場合があります。

※本書に記載してある情報は、2016年3月現在のものです。
※価格は税込み（8%）表記です。税率の変動によって価格が変わる場合があります。
※お店の移転、休業、閉店、またはメニューや料金、営業時間、定休日など情報に変更がある場合もありますので、事前にお店へご確認のうえおでかけください。

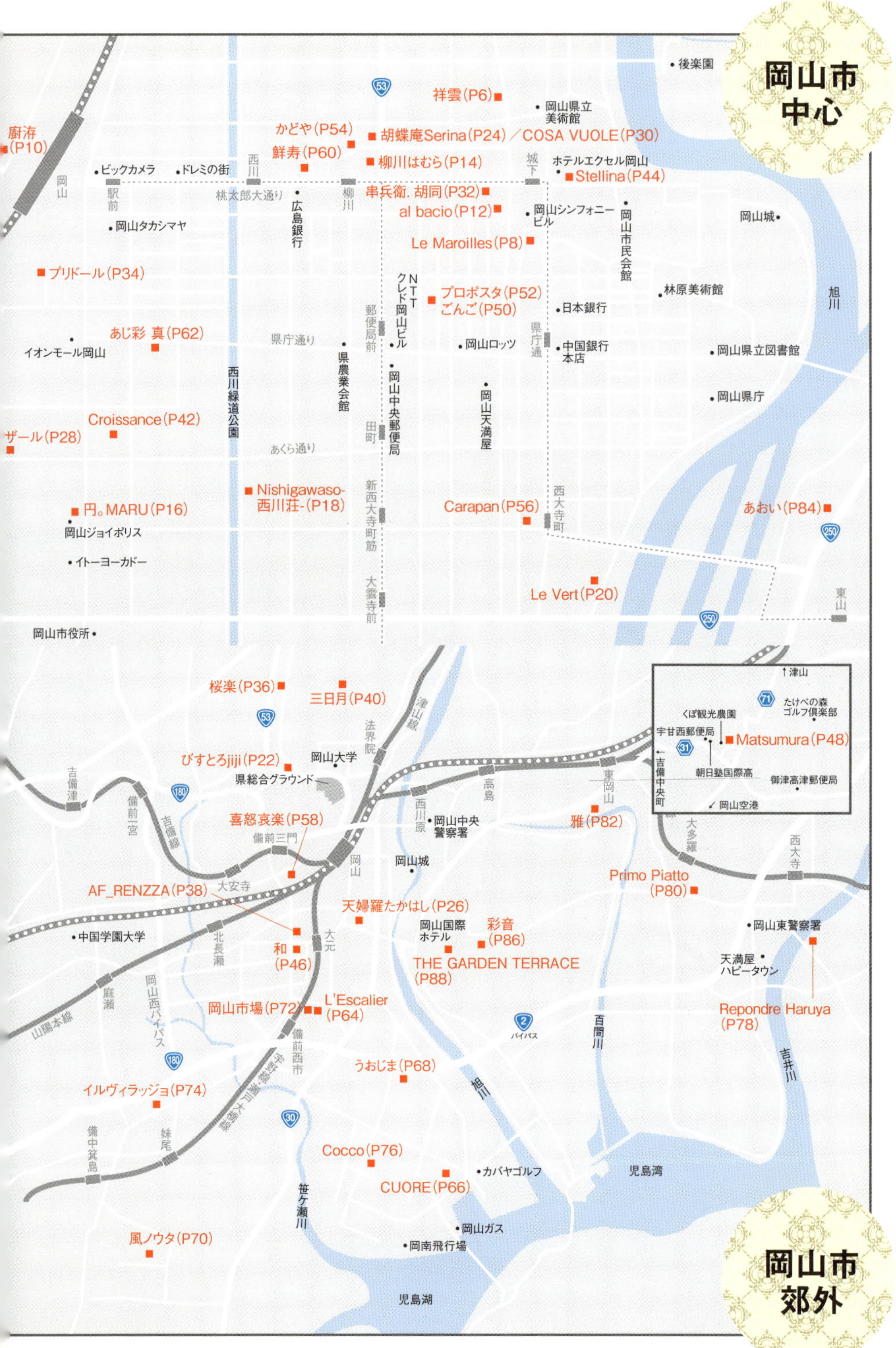

岡山市
中心
後楽園
祥雲(P6)
岡山県立
美術館
廚洊
(P10)
かどや(P54)
胡蝶庵Serina(P24)／COSA VUOLE(P30)
鮮寿(P60)
柳川はむら(P14)
ホテルエクセル岡山
Stellina(P44)
ビックカメラ
ドレミの街
西川
城下
岡山
駅前
桃太郎大通り
柳川
串兵衛. 胡同(P32)
al bacio(P12)
広島銀行
岡山シンフォニービル
岡山市民会館
岡山城
岡山タカシマヤ
Le Maroilles(P8)
プリドール(P34)
NTTクレド岡山ビル
プロポスタ(P52)
ごんご(P50)
林原美術館
旭川
日本銀行
郵便局前
県庁通り
あじ彩 真(P62)
イオンモール岡山
県農業会館
岡山ロッツ
県庁通
中国銀行本店
岡山県立図書館
岡山中央郵便局
岡山天満屋
岡山県庁
西川緑道公園
Croissance(P42)
ザール(P28)
田町
あくら通り
Nishigawaso-西川荘-(P18)
円。MARU(P16)
新西大寺町筋
Carapan(P56)
西大寺町
あおい(P84)
岡山ジョイポリス
イトーヨーカドー
大雲寺前
Le Vert(P20)
東山
岡山市役所
桜楽(P36)
三日月(P40)
津山線
法界院
びすとろjiji(P22)
岡山大学
県総合グラウンド
吉備津
備前一宮
吉備線
高島
東岡山
西川原
岡山中央警察署
喜怒哀楽(P58)
備前三門
雅(P82)
大多羅
西大寺
岡山
岡山城
AF_RENZZA(P38)
大安寺
Primo Piatto
(P80)
天婦羅たかはし(P26)
中国学園大学
北長瀬
大元
岡山国際ホテル
彩音
(P86)
岡山東警察署
和
(P46)
THE GARDEN TERRACE
(P88)
天満屋ハピータウン
庭瀬
岡山西バイパス
山陽本線
岡山市場(P72)
L'Escalier
(P64)
バイパス
百間川
Repondre Haruya
(P78)
備前西市
宇野線・瀬戸大橋線
うおじま(P68)
旭川
吉井川
イルヴィラッジョ(P74)
備中箕島
妹尾
Cocco(P76)
カバヤゴルフ
児島湾
CUORE(P66)
笹ケ瀬川
岡山ガス
風ノウタ(P70)
岡南飛行場
児島湖
岡山市
郊外
津山
たけべの森ゴルフ倶楽部
くぼ観光農園
宇甘西郵便局
Matsumura(P48)
吉備中央町
朝日塾国際高
御津高津郵便局
岡山空港

## 倉敷市中心

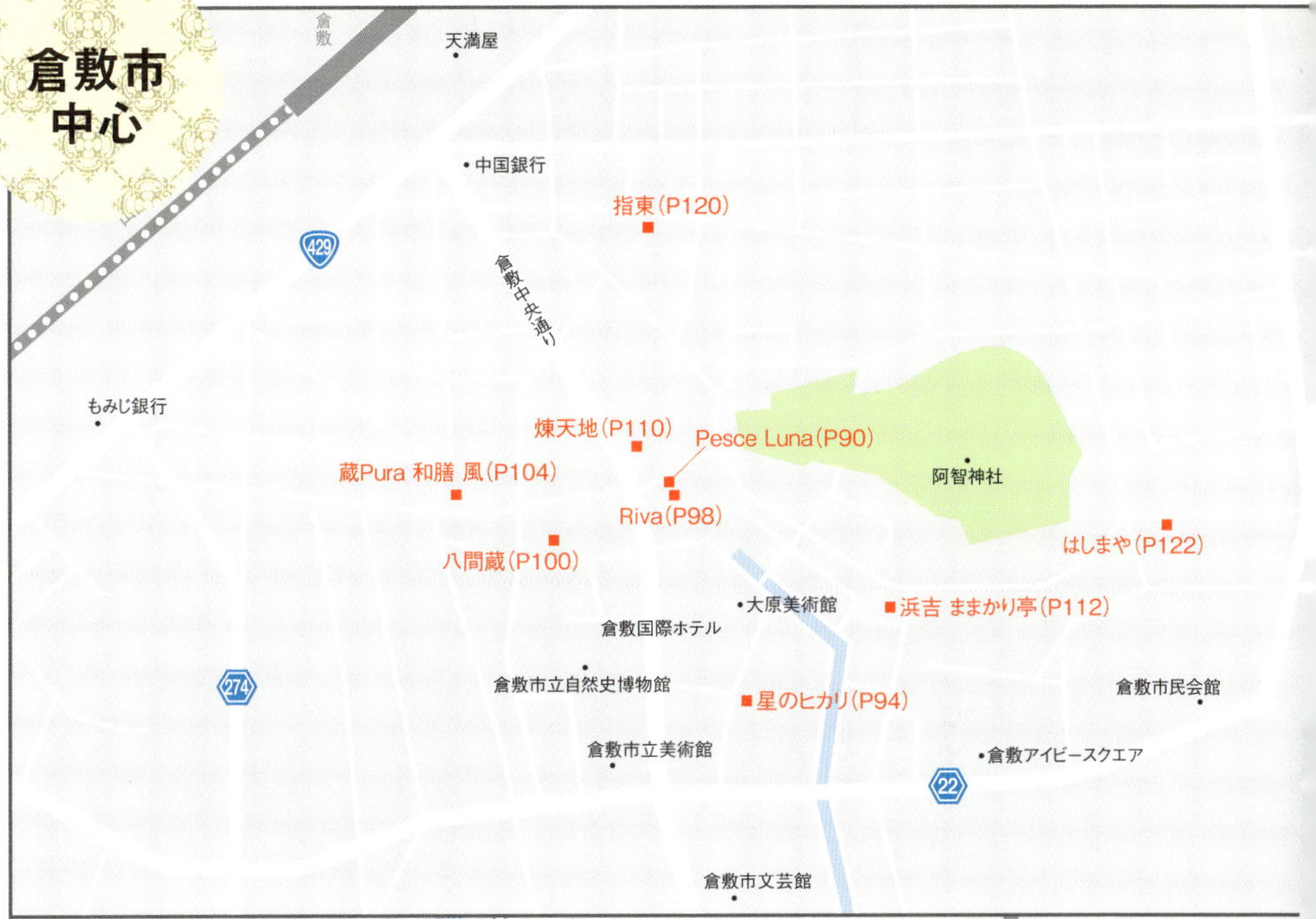

倉敷
天満屋
中国銀行
指東(P120)
429
倉敷中央通り
もみじ銀行
煉天地(P110)
Pesce Luna(P90)
阿智神社
蔵Pura 和膳 風(P104)
Riva(P98)
はしまや(P122)
八間蔵(P100)
大原美術館
浜吉 ままかり亭(P112)
倉敷国際ホテル
274
倉敷市立自然史博物館
星のヒカリ(P94)
倉敷市民会館
倉敷市立美術館
倉敷アイビースクエア
22
倉敷市文芸館


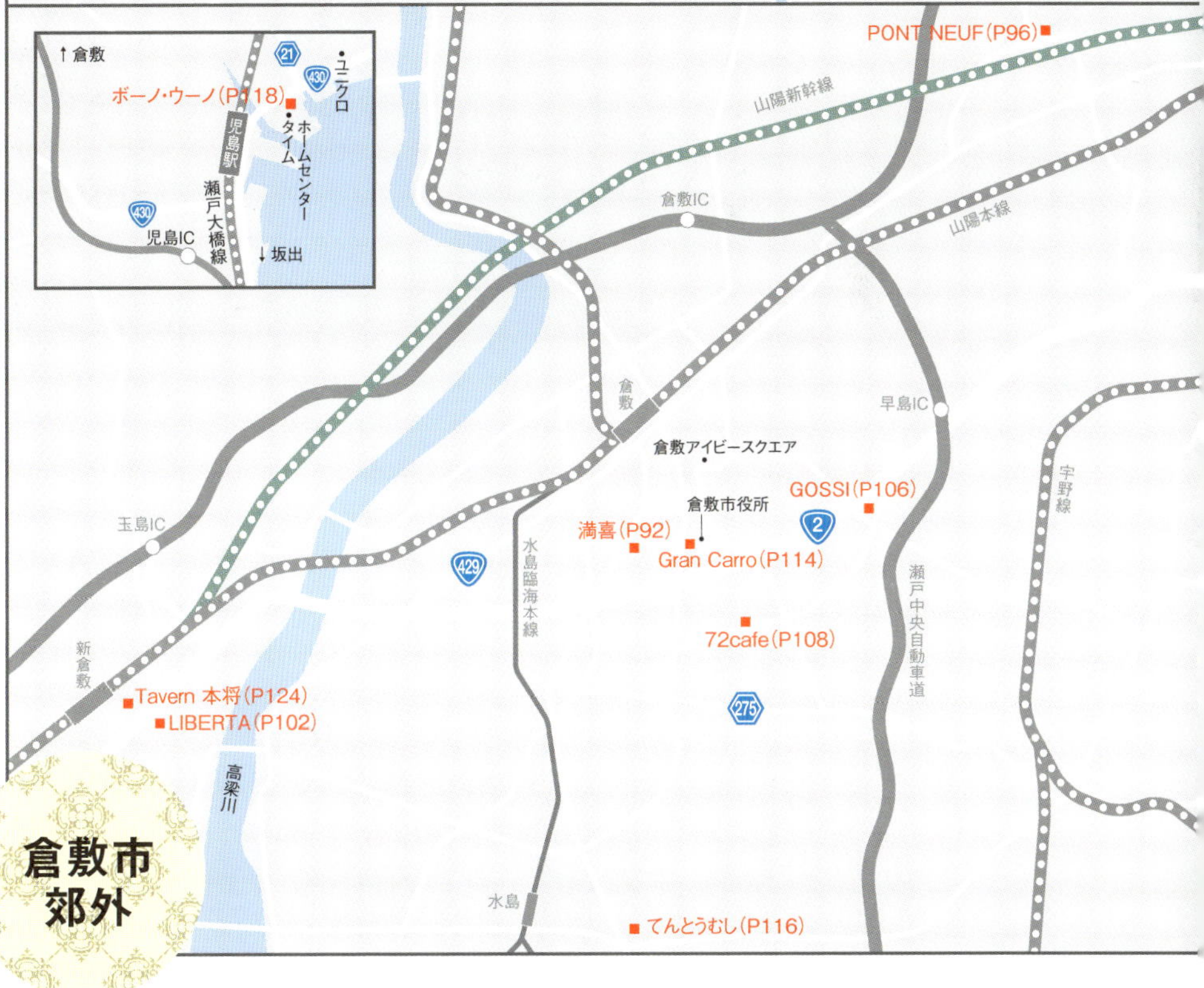

↑倉敷
21
ユニクロ
430
ボーノ・ウーノ(P118)
ホームセンタータイム
児島駅
瀬戸大橋線
430
児島IC
↓坂出
PONT NEUF(P96)
山陽新幹線
倉敷IC
山陽本線
倉敷
早島IC
倉敷アイビースクエア
GOSSI(P106)
倉敷市役所
2
宇野線
玉島IC
満喜(P92)
Gran Carro(P114)
429
水島臨海本線
瀬戸中央自動車道
72cafe(P108)
新倉敷
Tavern 本将(P124)
LIBERTA(P102)
275
高梁川
水島
てんとうむし(P116)


## 倉敷市郊外

滋味を束ねたミニ懐石の前菜。美しい盛り付けに思わず見とれる。昼、夜ともに予約制

**岡山市北区/日本料理**

お料理

# 祥雲《しょううん》

**ミニ懐石　3780円～**

○前菜　○お椀　○お造り　○季節のメイン料理
○ご飯　○デザート

## 名店仕込みの技でもてなす見目麗しき料理に感動！

ミシュランの三つ星に輝いた京料理や茶懐石の名店で研鑽を積んだ店主が、2014年に満を持して誕生させた美食処。店名の『祥雲』とは、吉事を知らせる雲のこと。そこには「来店客に良いことが訪れるように」という店主の思いが込められている。洗練された空間でいただけるのは、和食というカテゴリーにとらわれない新境地の料理の数々。日本料理の技術と心を最大限に生かしながらワインやチーズなど海外産の食材を取り入れたり、食材の意外な組み合わせで味や食感に変化を出したり。奇をてらいすぎず、ほどよく創作料理の要素が織り交ぜられているのは、磨き抜かれたバランス感覚ならでは。昼は「ミニ懐石」のみで、季節の移ろいを器や盛り付けに表現した見事な逸品に、思わずため息がこぼれる。料理はもちろん、大切な人との時間も楽しめる、特別なひと時を『祥雲』で堪能したい。

1

2

3

4

1.カウンター5席のほか、座敷を3部屋用意する　2.店主の秋山宣之さん。さりげない会話から客の好みをくみ取り、料理に反映させる心配りに、魅了される常連客も多い　3.「ミニ懐石」のお造り。この日はヒラメ、ハリイカ、ヨコワマグロ。卓越した包丁さばき、店主の美的センスには思わず脱帽　4.「ミニ懐石」のお椀、シャケのツミレのかす汁仕立て。口のなかでほろりと崩れる柔らかいツミレに舌鼓。ユズの香りも良いアクセント

## More Menu

おまかせコース(夜)／7020円　おまかせコース(夜)／8925円　おまかせコース(夜)／1万2960円(前日までに要予約)　おまかせコース(夜)／1万6200円(前日までに要予約)
【ディナーの料金の目安／一人あたり8000円～】

## DATA

住 岡山市北区天神町5-9 グランヴェール天神1階
電 086-212-0430
時 11:30～14:00(最終入店12:30)、
18:00～22:00(最終入店20:30)
休 月曜、不定休　P なし
HP http://shoun-okayama.com
交 岡山電気軌道「城下」電停から徒歩5分
席 個室3室※最大18名、カウンター5席
CARD 不可　分煙　予 予約制

美咲町のブランド豚「豚珍甘」のスペアリブを、レンズ豆を敷いたパイの中に包み込んだ「美星豚のパイ包み焼き」

岡山市北区/フランス料理

フランス料理

# Le Maroilles

ル・マロワール

## ゆっくりと流れる豊かな時を楽しむためのフランス料理。

岡山シンフォニーホールの裏手、オランダ通り沿いのフランス国旗が目印の店。カウンター席と４人掛けテーブルが３つの、こぢんまりした雰囲気だ。ランチは肉料理か魚料理のどちらかを選べるＡコースと、両方が食べられるＢコースの２種類。Ｂコースはスープや野菜たっぷりの前菜、肉と魚料理にデザートまで付くフルコース。コース中には、生クリームやバターを使ったソース中心の北フランスの料理と、オリーブオイルやガーリックを使う南フランスの料理をバランス良く配分しているので、重くなり過ぎず、爽やかな満腹感を感じられる。ディナーでは、お客様の好みや年齢によってメニューを組み立てるというオンリーワンのサービスがうれしい。１品１品丁寧に作っているので「１組ごとに、小さなパーティをもてなす気持ち」と語るシェフ。街中にありながらゆっくりとした時間が流れ、豊かな気持ちで食事を楽しむことができる。

**Bコース(2名〜)　3500円**

○スープ:カブのポタージュ　○前菜:サーモンと野菜のマリネ　○魚料理:鯛のロースト　プロヴァンス風　○肉料理:美星豚のパイ包み焼き　クレーム・ド・シャンピニオン　○パン　○デザート:オレンジのチーズケーキ　○コーヒー
※メニュー内容は季節・仕入れによって変更あり

1

2

3

4

5

1.カウンター席は1人でも気軽に立ち寄れる　2.オーナーシェフの山下雅之さん　3.本日の魚料理「鯛のロースト　プロヴァンス風」。海老のダシのスープで煮込んだ春キャベツとハーブのパン粉を付けた鯛のローストを、ラタトゥイユでさっぱりと　4.前菜はいつも野菜たっぷり。写真の「サーモンと野菜のマリネ」でも10種類以上の野菜が色とりどりに並ぶ　5.ボリュームたっぷりでも、なぜかすんなりお腹におさまってしまうBコース全品

## More Menu

Aコース／1800円　ミニコース／3000円(夜)　フルコース(夜、要予約)　／6000円～12000円
【ディナーの料金の目安／一人あたり6000円～】

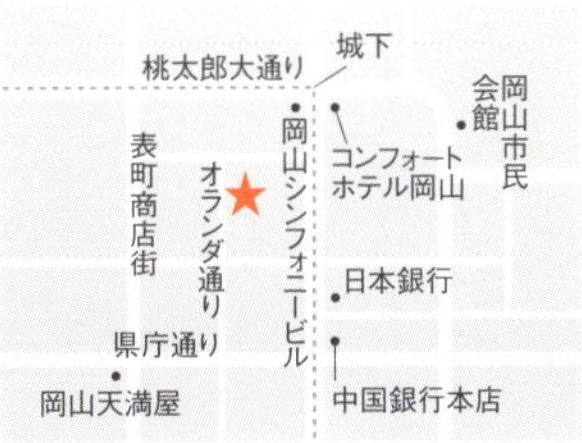


### DATA

住 岡山市北区表町1-6-56
電 086-221-9877
時 11:30～14:30、18:00～LO21:30(日・祝は20:30)
休 月曜(祝日は営業)
P なし　HP なし
交 岡山電気軌道「城下」電停から徒歩3分
席 テーブル12席、カウンター7席
CARD 夜のみ可　昼は禁煙、夜は一部喫煙可
予 夜は予約優先

ある日の四季彩膳の一例。洗練された味とホテルならではの上質なサービスが楽しめる

**四季彩膳　3400円**

○口取り（約9品）　○造り　○お椀　○揚げ物　○蒸し物　○煮物　○ご飯　○デザート

岡山市北区/日本料理・鉄板料理

# 廚洊《くりやせん》

## ホテル最上階からの絶景と本格的な昼の御膳を堪能。

ＪＲ岡山駅直結の「ＡＮＡクラウンプラザホテル岡山」の20階という抜群のロケーション。昼は市街の眺望を、夜はロマンチックな夜景を眼下に食事が味わえる。ここでいただけるのは、丹念な仕込み、卓越した包丁さばき、料理長の美的センスにより彩られた会席料理と、新鮮な野菜や厳選した魚介と肉をふんだんに使った鉄板焼き。なかでも人気の「四季彩膳」は、８品の料理が並ぶ昼御膳で、女性客を中心に人気を博している。「ひと箸ごとに季節を味わってもらいたい」との思いから、味はもちろん、四季が感じられる美しい盛り付けに仕上げている。２０１５年７月には店内をリニューアルし、「モダンアンドジャパニーズ」を追求した空間に。調理風景が目の前で眺められるカウンター席や、気軽に利用できるテーブル席、祝い事や接待などに使いたい個室などがある。ホテルの風格と眼下の景色、見事な料理を楽しみに、優雅なひと時を味わいたい。

1

2

3

4

1.モダンでスタイリッシュな空間が魅力。人数の多少にかかわらず、会食や宴会など様々なシーンに対応可能　2.マネージャーの石井亘さん。ホテルならではの上質なサービスも、ここを訪れる楽しみのひとつ　3.酒との相性を考えて作られた、和食酒味酒肴美作国コース6000円。酒好きにはたまらないメニュー構成になっている　4.ここの自慢のひとつ、鉄板焼きメニューが気軽に楽しめる、お昼限定の鉄板ランチ春うらら3400円

## *More Menu*

廚洊御膳(昼)／4600円　日和御膳(平日の昼限定)／2300円　鰻ひつまぶし御膳(昼)／4500円　夜のおすすめ会席(夜)／6000円～　季節のオリジナルドリンク(ノンアルコール)／650円
【ディナーの料金の目安／一人あたり6000円～】

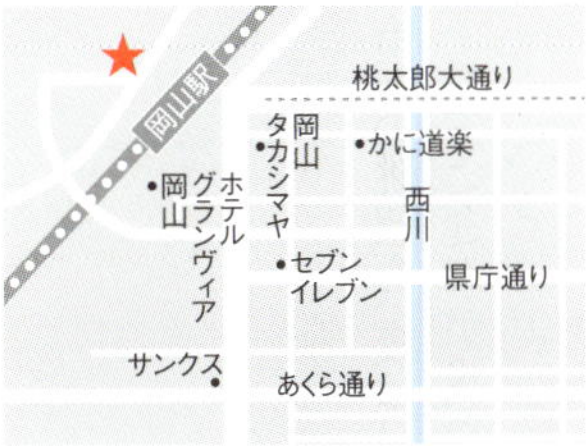


*DATA*

住 岡山市北区駅元町15-1 ANAクラウンプラザホテル岡山20階
電 086-898-2284
時 6:30～10:30(LO10:15)、11:30～14:30、17:30～21:30(LO21:00)
休 なし　P 270台
HP http://www.anacpokayama.com
交 JR岡山駅から徒歩3分
席 テーブル92席、カウンター10席、個室6室
CARD 可　禁煙　予 予約可

平日のコースは、好みを聞いてメニュー構成をしてくれる。予算に応じたコースも用意してくれるので予約時に相談を

**シェフのおまかせコース　2600円**

○前菜:自家菜園の菜の花サラダ仕立て　ハニーマスタードソース　○パスタ:愛媛県産真鯛と白菜のスパゲッティーニ　○メイン:鳥取県産東伯若鶏のロースト　自家菜園ビーツとラズベリービネガーのソース　○スープ　○フォカッチャ　○デザート　○コーヒー

岡山市北区/イタリア料理

# al bacio

アルバーチョ

## 素材にこだわった料理が紡ぎ出す至福のひととき。

表町商店街から一歩入った路地にある「ａｌ　ｂａｃｉｏ」。イタリアや東京、大阪などで修行したシェフが、「素敵な時間を過ごすために食事を楽しんでほしい」という思いでオープン。素材にこだわった優しい味わいの料理とともに、誕生日や記念日など特別な時間を過ごそうと来店されるお客様も多いそう。ランチメニュー「シェフのおすすめコース」は、素材の良さを生かした料理の数々が味わえる。野菜は、自家農園で作る完全無農薬野菜や岡山県が認定した有機無農薬農産物を使用。肉や魚は近県産の旬のものを使い、産地を明確にしているので安心していただくことができる。フォカッチャやドルチェも自家製というこだわり。高梁紅茶のパンナコッタなどが登場する。夜は本格イタリアンがアラカルトやコース料理で堪能できる。大切な人と時を忘れてゆっくり料理を楽しみたくなる、そんな贅沢なひとときを過ごせる一軒だ。

1

2

3

4

1.大きな窓があり、光が差し込む店内は明るく開放的　2.オーナーシェフの堀尾さん。カウンター席からはシェフが作る姿を見ることができる　3.前菜やスープ、ドルチェも付いた大満足のコース。平日のみ要予約。土日曜祝日には、C-プランツォというコース名となり、予約なしで楽しめる。C-プランツォはパスタとメインを2種類から選べる　4.季節の野菜を使ったパスタ。平日は2種類から選べるパスタランチも人気

## More Menu

パスタランチ／1100円(平日のみ)　A-プランツォ／1600円(土日祝)　B-プランツォ／1900円(土日祝)　C-プランツォ／2600円(土日祝)　色々野菜のバーニャカウダ(夜)／1620円
【ディナーの料金の目安／一人あたり4000円～】

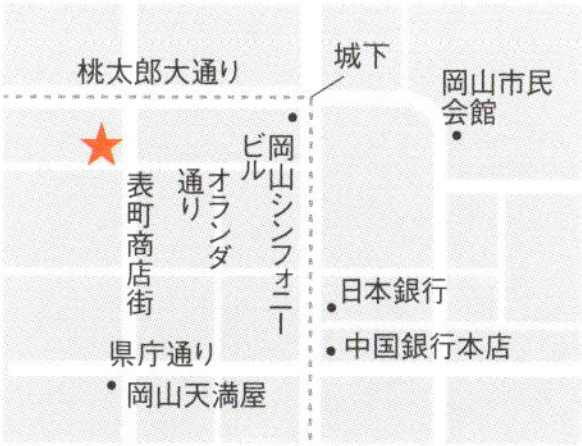


### DATA

住 岡山市北区表町1-1-26
電 086-223-1722
時 11:00～14:30(LO)、18:00～21:30(LO)
休 火曜、第1月曜　P なし
HP http://www.al-bacio.com/
交 JR岡山駅東口から徒歩15分
席 テーブル18席、カウンター5席
CARD 可　禁煙
予 「シェフのおまかせコース」は要予約

「はむら膳」のお造りからひと皿。備前焼の器に盛り付けられたのはタイと菜の花。刺身じょうゆでいただく

岡山市北区/日本料理

## 柳川はむら

やながわはむら

**味に空間に、雅な和の世界を心ゆくまで堪能できる名店。**

岡山市内中心部、柳川交差点の北側に店を構える和食店。格式高いエントランスを抜けると、笑顔のスタッフがやさしくエスコート。外の喧騒から一変して、洗練された和の空間が非日常へと誘ってくれる。ここでの楽しみは、全国から取り寄せた旬の素材を、熟練の職人技で昇華させた華やかな懐石料理。なかでも、昼限定の「はむら膳」は、季節の味わいがおいしくいただけると評判のメニューだ。水菜と柚子の彩りが美しい「海老とユリ根のつくね揚げ」、ひと手間加えて味に変化を付けた「お造り　鰆の炙り」など、食材の組み合わせや彩りの見事な料理がタイミングよく運ばれる。締めには、はむら名物の「コロッケ」を堪能。重厚な器も楽しみながら、椀の一杯まで、存分に味わい尽くせる「はむら膳」の質の高さに、魅了される常連客も多い。記念日や接待はもちろん、冠婚葬祭の祝い膳や法要膳も随時対応してくれる。

**はむら膳　3240円**

○前菜　○お椀　○お造り　○替鉢　○コロッケ　○ご飯　○汁物　○デザート

1

2

3

4

5

1.職人の包丁さばきを間近に見られるカウンター席のほか、座敷、テーブル席、洋風の個室までそろう　2.お造り「鰆の炙り」。ちり酢でさっぱりといただく　3.オープン当初から人気が高いコロッケは、『柳川はむら』の名物ともいえる逸品だ　4.吉野あんをかけていただく「海老とユリ根のつくね揚げ」　5.前菜「春野菜の白和え、いくら」。美しい盛り付けにも注目したい。紹介した写真は、すべて「はむら膳」の一品

## *More Menu*

牛ヒレ膳（昼）／ 4320 円　懐石コース（昼）／ 5400 円　懐石コース（夜）／6000 円〜　おまかせ（夜）／1 万 2000 円〜　ビール・ワイン等各種／ 648 円〜　※昼夜とも懐石料理はサービス料が別途必要

【ディナーの料金の目安／一人あたり 8000 円〜】

*DATA*

住 岡山市北区野田屋町1-11-20 グレースタワーII・2階
電 086-225-6364
時 11:30〜14:00(LO13:30)、17:00〜22:00
休 水曜　P 契約あり
HP http://www.hinaichi.info
交 JR岡山駅から徒歩10分
席 カウンター8席、テーブル12席、座敷30席、個室あり
CARD 可　カウンターは禁煙、個室は喫煙可
予 予約不要

A5 ランクの「千屋牛 特フィレステーキランチ」。きめ細かい霜降りでやわらかく、さっぱりとした脂を含んだ最高級の肉

**千屋牛 特フィレステーキランチ(100g)　6890円**

○千屋牛　特フィレステーキ(100g):生醤油、ポン酢、ねぎ、天然塩、山椒塩、生わさび、粒マスタード付き　○サラダ
○ごはん、お味噌汁(おかわり自由)

岡山市北区/欧風料理

ステーキとしゃぶしゃぶ、すき焼きのお店

# 円《まる》。MARU《マル》

## スタイリッシュな空間の中、最高級の肉料理で至福の時を。

モダンで落ち着いた雰囲気で人気の『円。MARU』。品質の良い千屋牛を提供している証しである千屋牛振興会の指定も受けているこちらは、上質な肉料理に定評がある。中でも目玉はA5ランクの千屋牛のステーキ。肉の旨みを逃がさないよう表面だけ軽く焼いたレアな状態で提供され、各席のIHヒーターで好みの加減に焼き上げて熱々のままいただける。肉の旨みたっぷりでそのままでも充分だが、薬味ごとに変わる味を楽しむのもまた格別。おすすめは生醤油で、深いコクとほのかな甘みのある醤油が肉の旨みを引き立てる。ランチではステーキやハンバーグのほか、1人鍋やスープカレー、豚しょうが焼きや唐揚げなどのリーズナブルなサービスランチまで、幅広いメニューを取り揃えている。鉄板のあるカウンター席は事前予約で貸切も可能。宴会ができる座敷席やパーティルームもあり、さまざまなシーンで利用できそうだ。

1

2

3

4

1.目の前の鉄板でシェフのパフォーマンスが見られるカウンター席は6席のみなので予約がベター　2.「ランチ時でも雰囲気がよいので、男性が女性をエスコートするのに最適です」と支配人の大西伸也さん　3.ランチコースでは、ごはんと味噌汁がおかわり自由　4.趣のある和モダンな個室は全部で13室。このほか、広々とした座敷席やパーティールームもあり、すべて各席ごとにIHヒーターが完備されている。大人数での忘年会でも1人ずつ個別の鍋で自分のペースで楽しめる

## More Menu

千屋牛ロースステーキ／5270円　サービスランチ／1000円～
千屋牛しゃぶしゃぶ食べ放題コース／5500円(夜)　宴会お値打ちコース(4名～)／3000円～(夜)
【ディナーの料金の目安／一人あたり3000円】

### DATA

住 岡山市北区下石井2-10-1 ジョイポリス岡山1F
電 086-221-1789
時 11:30～14:30(LO14:00)、17:30～23:00(LO22:00)
休 なし(年末年始は除く)
P 契約あり(1000円以上の利用で3時間無料)
HP http://isp-corporation.com/maru/
交 JR岡山駅から徒歩15分
席 テーブル100席、カウンター6席、個室13室
CARD 可　喫煙　予 予約可

ある日の「しらとり」。華やかな見た目で、目にも嬉しい内容に仕上げている

しらとり　1944円

○前菜3点盛り　○小鉢　○お造り　○煮物　○焼き物
○揚げ物　○台の物　○ご飯　○味噌汁　○デザート

岡山市北区/日本料理

# Nishigawaso -西川荘-

にしがわそう

## 風格と風情を守りつつ気軽に楽しめる和食を提案。

1946年の創業以来、割烹の品格と風情を守り続ける和食の名店。「古き良きものを受け継ぎ、新たな世代へ伝えたい」という思いから、伝統のなかに遊び心やモダンな感覚を取り入れた親しみやすさ、本格的な和食をリーズナブルに味わえるカジュアルさが人気を呼んでいる。使う食材は、岡山県の地物を中心に、料理長自らが厳選。丁寧な下処理から、包丁さばき、組み合わせまで、熟練の技を駆使して、妥協なき一皿に昇華させる。ほぼ月替わりで内容が替わる「しらとり」は、昼の御膳のひとつ。旬を束ねた前菜あり、新鮮な魚介を盛り付けたお造りあり、食べ応えのある牛肉の陶板焼きありと、ボリュームも内容も申し分なし。一つ一つ手間を惜しまず心を配り、愛情が込められた品々は、食べた人にじんわりと「口福」をもたらしてくれる。老舗の技と粋を和モダンの上質な空間の中で、心ゆくまで味わいたい。

1

2

3

4

5

1.カウンターから個室まで、様々な場面に対応可能な座席を用意。個室は早めの予約が好ましい　2.上品で親しみやすい接客と真心こめた料理の数々でおもてなし　3.豚肉のうま味と黄ニラの風味が調和した「黄ニラみそ」。ご飯のお供、料理の薬味として使える万能調味料。販売も行う　4.ホロホロと口のなかで崩れるほど柔らかく煮た、牛肉の柔煮ワサビ添え1620円　5.黄ニラと穴子の玉子とじ1296円は岡山名産の黄ニラの風味と食感が生きた逸品

## *More Menu*

すざく／2592円　せきれい／1512円　岡山ちらし寿司／1944円　名物黄にらみそラーメン／864円　岡山和牛肉すき鍋（一人前）／1944円　百合根まんじゅう／972円
【ディナーの料金の目安／一人あたり5000円～】

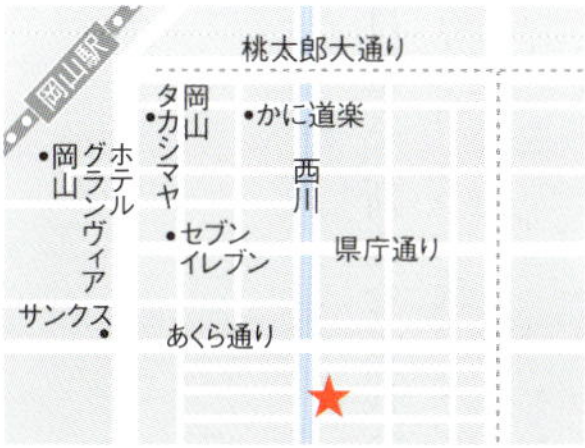


*DATA*

住 岡山市北区田町2-13-27 SWISS西川1・2階
電 086-225-1971
時 11:30～14:30(LO14:00)、17:30～22:00(LO21:30)
※日曜、祝日の夜は17:30～20:30(LO20:00)
休 不定　P 15台　HP なし
交 JR岡山駅から徒歩20分
席 テーブル60席、カウンター8席、個室7室
※個室はなるべく予約を
CARD 可　分煙　予 不要

メインは木曜～火曜の週替わり。この日の「豚バラ肉のポワレ」は豚バラを3時間煮込んでポワレしているので肉厚でもやわらか

岡山市北区/フランス料理

レストラン

# Le Vert

ルヴェール

**本日のランチ（+オードブル&デザート）　2300円**

○スープ:人参のポタージュ　○メイン:豚バラ肉のポワレバルサミコヴィネガー風味　野菜のグラタン添え　○自家製パン　○オードブル（4種）　○デザート（4種）　○コーヒー　※メニュー内容は季節·仕入れによって変更あり

## クラシックなフレンチを継承した おトク感満載のカラフルランチ。

「ソースが主役のクラシックなフランス料理を追求している」というシェフは時代に流されない伝統的なスタイルを貫く。「どんな素材もおいしくなるように調理するのが自分の仕事」と食材の良さだけに頼らず腕で勝負する職人気質が、この店の信頼感につながっている。人気の「本日のランチ」は週替わりのメイン料理と、奥様が毎日焼く自家製パンにスープ、ドリンク付きで１１００円。これをドリンク抜きで「お持ち帰りランチ」としてお弁当にするサービスも好評だ。この基本のランチにオードブルとデザートを付けたものが、この日のランチ。オードブル4種の盛り合わせは「マグロのパートブリック包み焼き」「とうもろこしのムース」など食材を彩り豊かに惜し気なく使い、ボリュームたっぷり。「品数が多くていろいろ食べられるのが良いと喜ばれています」と奥様。デザートの4種盛りもしっかりサイズで、満足感を味わえるコースだ。

岡山市北区

1

2

3

4

5

1.旭川沿いで明るい店内　2.オーナーシェフの村上さんと奥様の泰代さん。シェフは、惜しまれながら閉店した『プチ・マリエ』の奥様の弟さんで、20年勤めたその味を受け継ぎつつ独自のアイデアも加えている　3.本日のオードブルは4種。それぞれ丁寧に手が掛けられている　4.デザートも一品一品ボリュームたっぷり。爽やかな甘さで別腹におさまってしまう　5.基本のランチは1100円で+オードブルなら計1750円、+デザートで計1650円

**More Menu**

本日のランチ／ 1100 円　お魚のランチ、ステーキランチ／ 2150 円　フルコースランチ（要予約）／ 4400 円　お持ち帰りランチ／ 1050 円　メニュー A ／ 4400 円～（夜）
【ディナーの料金の目安／一人あたり 5000 円】

*DATA*

住 岡山市北区京橋町11-7
電 086-233-1510
時 11:30～15:00(LO14:00)、17:30～22:00(LO20:30)
休 水曜、第3木曜
P なし
HP http://ccge.jp/levert/
交 岡山電気軌道「西大寺町」電停から徒歩5分
席 テーブル20席
CARD 不可　禁煙　予 予約可

年月をかけて収集したセンスのいい器が
彩り豊かな料理を盛り立てる

**ランチコース　1620円**

○前菜　○造里　○茶碗蒸し　○メイン(2種)○ご飯もの　○香の物　○みそ汁　○デザート　○ドリンク

岡山市北区/創作料理

創作料理

# びすとろjiji

びすとろジジ

## 自宅をリノベーション
## 季節を感じる心尽くしの味。

閑静な住宅街の一角に佇む、完全予約制の「びすとろjiji」。自宅を改装したアットホームな空間で、オーナー夫妻が心尽くしの料理でもてなしてくれる。「器のふたを開けた時の『わぁ〜』という声が嬉しい」と話す店主が作るのは、味はもとより、見た目の美しさも追求した創作和食。写真の「ひな寿司」のほか、桜の花を使い淡いピンクに仕上げた「さくら寿司」、香りと食感が贅沢な「岡山産筍ご飯」など、季節を感じさせるご飯ものは秀逸。一品一品、手の込んだ前菜、地魚や国産食材を中心とした揚げ物、どれも目と舌で楽しめる料理が並ぶ。また、造里のしょう油はゼリー状にし、細かく散らして提供。食べやすさも考慮した繊細で優しい味わいの料理は、年配層から特に好評で、近隣の介護施設が食事会行事として利用するほど。予算や好みに応じてくれるので、祝い事や法要の席にも利用したい一軒だ。

1

2

3

4

5

1. 和紙を使ったダウンライトが印象的。時間を忘れてくつろげる　2. オーナー夫妻。センスのよい器は、奥様のセレクトによるもの　3.「ひな寿司」ジャガイモを細工した桃の花びらが美しい。丁寧な仕事が伝わる一品　4. この日のメイン「野菜と豚肉のロールカツ」　5. 少しずつ多彩な味が楽しめる「前菜」。セロリとイカの燻製を使った酢の物は、セロリの苦手な人からも指示されるほどの絶品。

## More Menu

昼のお食事／ 1080 円、2160 円、2700 円　夜のお食事／ 3240 円～　お料理と飲み放題セット／ 4320 円　お弁当／ 1080 円～
【ディナーの料金の目安／一人あたり　3240 円～】

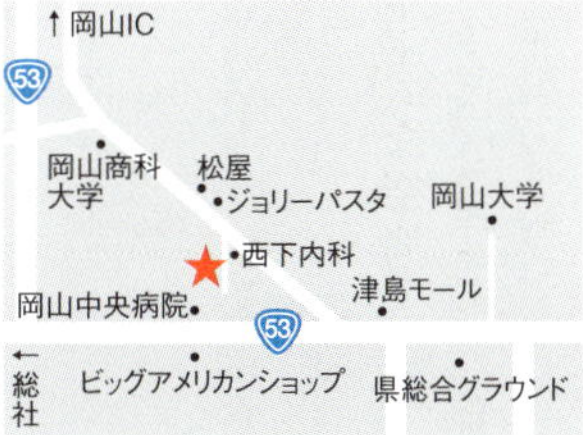


### DATA

住 岡山市北区津島西坂1-2-39
電 086-254-5535
時 11:30～14:30／18:00～21:00
休 不定休
P 6台
HP http://bistrojiji.com
交 JR岡山駅からバス15分「明誠学園前」下車 徒歩1分
席 テーブル22席
CARD 可　禁煙　予 不可

メインディッシュの「牛ロースステーキ」は、やわらかでロース肉の旨みたっぷり。120g ～ 130g あり、ボリュームも満点

**Cランチ　3240円**

○本日の前菜　○スープ:じゃがいものポタージュ　○本日の魚料理　○牛ロースステーキ　○サラダ　○パンorライス　○デザート:キャラメルのケーキ、苺のアイスクリーム、フルーツ　○コーヒーor紅茶　※メニュー内容は季節･仕入れによって変更あり

岡山市北区/フランス料理

フレンチ割烹

# 胡蝶庵 Serina

こちょうあん セリナ

## テーブルマナーを気にせず、和スタイルでフレンチを。

畳敷きの和空間の中でフレンチが楽しめる『胡蝶庵Ｓｅｒｉｎａ』。オープンした平成6年頃はまだ岡山ではフランス料理店があまり多くなく、堅苦しいイメージを見直してもらおうと独特のスタイルでフレンチを提供し始めた。ナイフ、フォークの使い方に慣れないお客様のために箸も用意されているので、リラックスしてフランス料理を堪能することができる。上品で繊細なフレンチは、幅広い年代の口に合うように工夫されたやさしい味。牛ロースのステーキは肉質もやわらかで肉本来の旨みをたっぷりと感じられる、この店イチオシの一品だ。このほかに千屋牛のステーキなどがあり、食材は地元産のものも多いので、岡山を訪れたお客様へのおもてなしにもおすすめ。ふすまで仕切られた和室はそれぞれ個室にもなり、結納や顔合わせ、商談にも使われている。さまざまな用途で利用できるユニークなスタイルの店だ。

1

2

3

4

5

1.畳の上で靴を脱いで、ゆったりとフレンチをいただけるのが嬉しい。この部屋のほか、個室やパーティルームもあるので商談や顔合わせなど様々な用途で利用できる　2.米総領事館や有名ホテルで経験を積んだシェフの山入端克さん　3.本日の魚料理「白身魚のポワレ」は岡山県産のサワラ。魚は季節によって変わり、なるべく地物を使うようにしている　4.本日の前菜「パルマ産生ハム、キングサーモンのマリネ、手づくりピクルス」　5.上品で繊細な味わいのコース全品

## More Menu

Aランチ（平日のみ）／1080円　Bランチ／2160円　カジュアルコース／4320円（夜）　ディナーコース／6480円～（夜）　千屋牛ステーキコース／10800円～（夜）
【ディナーの料金の目安／一人あたり5000円～】

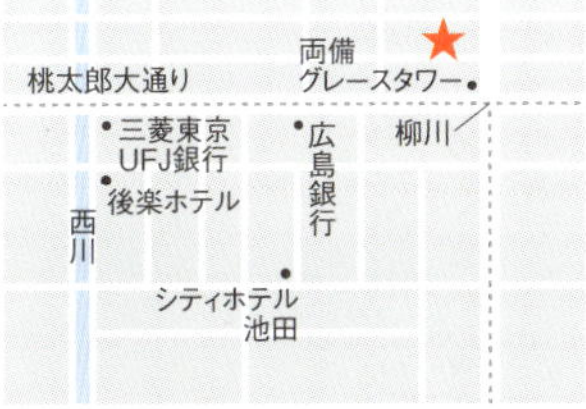


## DATA

住 岡山市北区野田屋町1-12-16　セントラルハイツ112南館
電 086-223-5251
時 11:30～(LO14:00)、17:00～22:00(LO21:00)
休 火曜　P 6台
HP http://cochoan.jp/serina/
交 JR岡山駅から徒歩10分
席 テーブル50席、個室7室
CARD 不可※夜のコースのみ可
禁煙※個室のみ喫煙可　予 予約不要

まずはそのまま、次に秘伝の天つゆ、塩につけて召しあがれ

岡山市北区/天ぷら

# 天婦羅たかはし

てんぷら　たかはし

## 目の前で職人が揚げる本物の江戸前天ぷらに感動！

　岡山では珍しい、江戸前天ぷらの専門店。暖簾をくぐると、天然木と石を配した高級感漂う大人の空間が広がる。「ようこそ」とやさしい笑顔で迎えてくれるのは、3代目店主の高橋克慈さん。春先には旬を求めて自ら山野に分け入る徹底ぶりで、「車エビはどうすれば甘く感じられるのか」など、常に食材と真摯に向き合い、食材の特性を知り尽くしたこの道30年の職人だ。素材ごとに衣や油を使い分け、その日の気温や湿度に配慮し、熟練技で揚げる天ぷらは、味わい、食感、香りともに見事。昼は丼や定食も登場するが、ぜひ味わいたいのは、揚げたてを1皿ずついただく天ぷら会席。厳選素材のネタのうまみを引き出した天ぷらは、それ自体が完成された逸品料理として成立。利き酒師の資格をもつ店主が吟味した日本酒やワインの充実ぶりもこの店の魅力のひとつ。本格江戸前天ぷらを味わう、贅沢な昼のひと時を堪能して。

**華　3000円**

○前菜　○天ぷら6品　○季節の料理1品　○ご飯
○吸い物　○香の物　○果実シャーベット

1.シックなムードが漂う大人の隠れ家空間。カウンター席のほか、テーブル席、個席がある　2.タラの白子を包んで揚げた茶巾。結び目まで徹底した細かな技にレベルの高さがうかがい知れる　3.真備の筍を天ぷらに。上品な甘み、食感に魅了される常連客も多いそう　4.備前焼の陶工・藤原雄監修の「南燦窯」の器に、トウモロコシの黄色、枝豆の緑が美しく映える　5.稚アユは骨まで柔らかくいただける。今回紹介した料理はすべて「華」の一例。※季節により献立は変わります。

### More Menu

江戸前かき揚げ丼（ランチ）／ 990 円　天ぷら定食（ランチ）2000 円 「旬」昼天婦羅（ランチ）／ 5000 円 「限定」天婦羅／ 6000 円　地酒／ 680 円〜
【ディナーの料金の目安／一人あたり 6000 円〜】

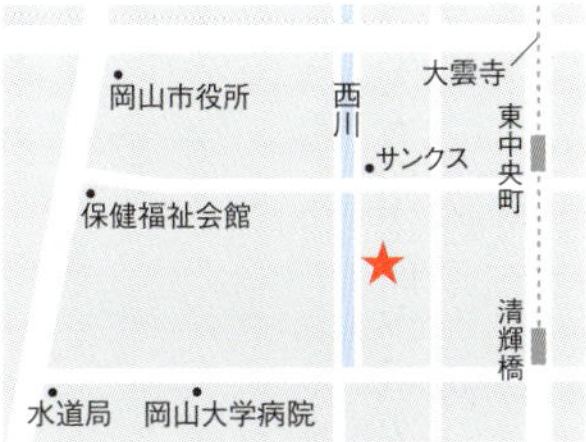


*DATA*

住 岡山市北区京町8-1
電 086-223-8452
時 12:00〜13:30、18:00〜21:30
休 日曜、祝日（祝日は夜のみ営業）
P 3台
HP http://tenpura-takahashi.jimdo.com/
交 JR岡山駅から徒歩20分
席 テーブル12席、カウンター6席、座敷4席
CARD 可　禁煙（喫煙コーナーあり）　予 予約不要

味わい、彩りともに見事な「優花（ゆうか）」。昼はもちろん、夜もオーダー可能で、夜は要予約

**岡山市北区/日本料理・欧風料理**

ホテル メルパルク岡山

# レストラン ミザール

**優花　2000円**

○前菜3種:先付・お造り・酢の物　○揚げ物:海老と穴子の天ぷら　○メイン:ピーチポークのグリエ　○食事:桜海老のご飯　○漬け物　○吸い物　○デザート

## 岡山のブランド食材を和洋さまざまなコースで。

ホテルメルパルク岡山の地下1階に広がるメインレストラン。吹き抜けの開放的な空間にゆったりとテーブルを配し、居心地のよさと上質さが漂う。こちらの魅力は、千屋牛やピーチポーク、黄ニラなど厳選した岡山ブランド食材を使い、料理人の確かな腕で昇華させた彩り鮮やかな和・洋のコース料理。2016年に登場した「優花」は、ピーチポークをバルサミコ酢で味を整えたステーキが主役で、ママカリや黄ニラの酢の物が付く前菜3種類、海老と穴子の天ぷら、桜海老のご飯など、和と洋を盛り込んだ欲張りなコース内容に仕上げたもの。昼限定の「遥」は、晴れ豚のセイロ蒸がメイン。炊き合わせ、旬の握りなども付いた創作和食会席で、素材の持ち味を生かした上品な味わいに定評がある。コース以外にも、一品料理やお膳もそろい、様々なシーンで活用できる。料理に、サービスに、ホテル仕様のワンランク上の内容を心ゆくまで味わって。

1.ホテルならではの上質の空間が魅力。ランチ、カフェ、ディナーとフレキシブルに活用できる　2.ホテル仕様の上質なサービスと料理でおもてなし　3.昼限定の「遥(はるか)」は、前菜、蓋物、焼き物、セイロ蒸し、握り3貫、汁物、デザートの全7品が付く　4.昼限定の「千屋牛御膳」。見事な霜降りの千屋牛を陶板で焼き、倉敷の白ポン酢でさっぱりと召しあがれ

## More Menu

遥(ランチ)／2500円　千屋牛御膳(ランチ)／1650円　創作和洋ミザール会席(ランチ)／3300円　吉備御膳(ランチ)1650円
フィレステーキディナー／2700円
【ディナーの料金の目安／一人あたり3500円～】

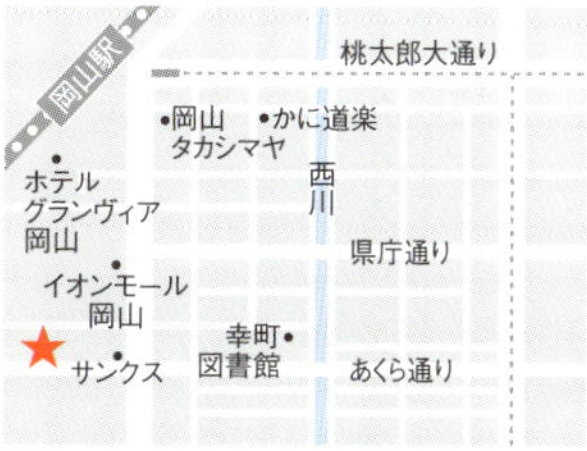


*DATA*

住 岡山市北区桑田町1-13 ホテル メルパルク岡山B1F
電 086-223-8105
時 11:30～14:30(LO14:00)※土・日曜、祝日は～15:00(LO 14:30)、17:00～21:00(LO 20:30)
休 なし　P 80台
HP http://www.mielparque.jp/okayama/
交 JR岡山駅から徒歩10分
席 テーブル50席
CARD 可　禁煙　予 予約不要

メインの「国産牛フィレ肉のソテー マディラソース」。やさしい甘さのマディラ酒のソースが牛ヒレ肉によく合う

**おまかせコースB（前日までに要予約） 5940円**

○アミューズ ○季節の前菜 ○前菜3種盛り合わせ ○おすすめパスタ ○本日のメイン：国産牛フィレ肉のソテー マディラソース ○パン ○本日のデザート：ガトーフロマージュ、苺のソルベとフルーツ ○飲み物 ※メニュー内容は季節・仕入れによって変更あり

岡山市北区/イタリア料理

新イタリア料理

# COSA VUOLE

コーザ・ボーレ

## 上質な北イタリアの味を あたたかいサービスと共に。

岡山のイタリア料理の名店として名高い『コーザ・ボーレ』。平成元年のオープン以来、値段はほぼ同じというリーズナブルなランチから豪華なコースまで幅広いメニューを取りそろえている。オリーブオイルやガーリックが控えめの北イタリア料理は、旬の食材が持つ素材の旨みがしっかり感じられる上品な味。特にこのおまかせコースは魚介や肉をふんだんに使用し、季節感たっぷりのメニューになっている。また、うれしいのは、すみずみまで行き届いた最高のサービス。それでいてかしこまらず、やさしく見守ってくれているような心地よさがある。岡山市街の中心地にありながら、ここだけは静かでゆっくりとした時間が流れているように感じられ、若い1人客から年輩のご夫婦まで幅広くファンが多い。広々とした空間ではパーティやレストランウェディングも行われている。ここに来れば必ず上質な時間が約束されるはずだ。

1.大きなガラス窓からは、東京の青山246通りをイメージして植えたというケヤキの木がよく見える　2.総支配人の中村礼子さん　3.前菜の「活鯛のカルパッチョ」。カルパッチョは爽やかなソースが好評な定番メニュー。前菜の盛り合わせは鴨や魚介を贅沢に使った3種　4.「スパゲティーニ タラバ蟹と菜の花のトマトクリームソース」。アルデンテに仕上げたパスタとソースが絶品　5.魚介や肉をふんだんに盛り込んだボリューム満点のコース

### *More Menu*

Aランチ／1080円　Bランチ／1620円　お昼のコース／2700円　※以上、平日　Aランチ／1620円　Bランチ／2160円　Cランチ／3240円　※以上、土日祝　お手軽セット／3780円（夜）　ディナーコース／5940円～
【ディナーの料金の目安／一人あたり5000円～】

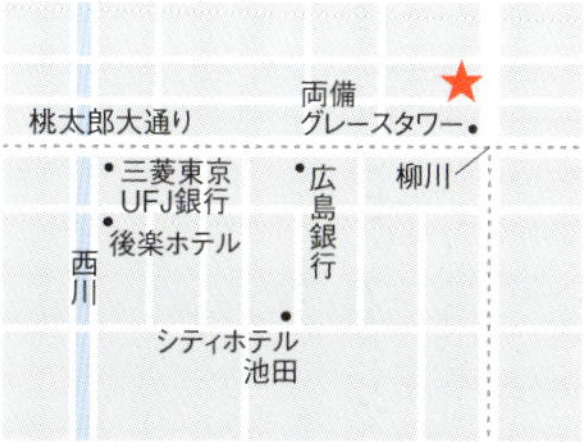


### *DATA*

住 岡山市北区野田屋町1-12-16 セントラルハイツ112東館2階
電 086-227-5987
時 11:30～(LO14:00)、17:00～22:00(LO21:00)
休 火曜※土日祝は結婚式で貸切の場合もあり
P 6台
HP http://www.cosavuole.com/
交 JR岡山駅から徒歩10分
席 テーブル50席、個室1室(要予約)
CARD 不可※夜のコースのみ可　禁煙　予 予約不要

串揚げは手前に置かれたソースでそれぞれいただく。温かさを保つキャンドルの灯が独特な「葵」コース。

**葵《あおい》　2700円**

○食前酒　○前菜　○車海老と季節の串揚げ9種　○季節のサラダ　○備前生湯葉　○名物天むす　○赤だし　○食後のデザート　○プーアール茶

岡山市北区/串揚げ料理

KUSHIBEI

# 串兵衛. 胡同

くしべい　ふーとん

## 珍しい串ネタに会話が弾む、ゆったり味わいたい豪華ランチ。

２０１７年で創業40年を迎える串揚げ専門店。天然木を基調とした店内で、あっさりした風味と油ぎれのよい「大豆白絞油《だいずしらしめあぶら》」を使用した、軽やかな口当たりの串揚げが楽しめる。串ネタは和牛や魚介、野菜を常時30種類以上揃え、風変わりな素材も並ぶ。例えばこの日の「葵」ランチコースには、滋賀県名産の赤こんにゃくの串揚げが登場。珍しい素材の話題で会話も弾みそうだ。串揚げはキャンドルで炙られた台座に乗せられ、温かい状態で食べられる配慮がうれしい。揚げ物に合わせる4種類のソースの中でも「にんにく醤油」が〝さっぱりしているのにコクがある〟と人気だ。他の料理やドリンクは〝串揚げと一緒にいただくのに最適なメニュー〟を選んで提供している。あっさりした味付けの備前生湯葉や、油っぽさを流すプーアール茶などの取り揃えに、専門店のこだわりが感じられる。

1

2

3

4

1.目の前で揚げたてのアツアツをいただく幸せが感じられるカウンター席。居心地の良い丸いテーブル席や座敷も充実　2.「会話を楽しみながら、ゆったりと召し上がって欲しい」と店主の橋爪さん　3.食前酒や前菜がついた特別ランチの「葵」コースは、揚げたてを一つひとつ提供される贅沢さ。のんびり時間をかけて味わいたい　4.ランチの「向日葵(ひまわり)」は、串揚げ7種に天むすや赤だし、サラダ、小鉢、デザート付きで1080円とお得

## *More Menu*

向日葵(ひまわり)／1080円　山葵(わさび)／1620円　おまかせコース／3888円(夜)　雅コース／4104円

【ディナーの料金の目安／一人あたり5000円〜】

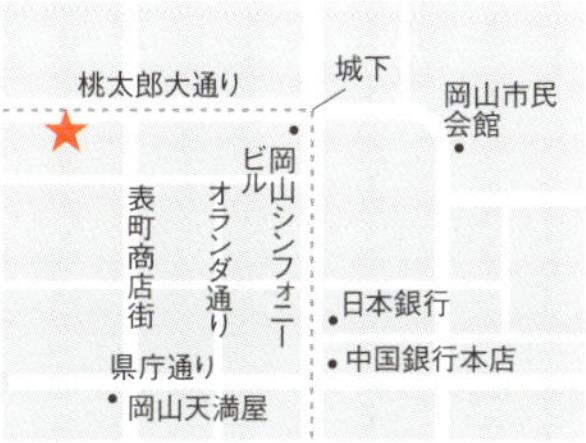


*DATA*

住 岡山市北区表町1-1-5
電 086-222-2994
時 11:00〜14:00、17:00〜22:00
休 不定休
P なし
HP なし
交 岡山電気軌道「城下」電停から徒歩2分
席 テーブル12席、カウンター8席、座敷15席
CARD 不可　禁煙　予 週末は予約をおすすめ

本日のメイン「やさしく火を入れたサワラ　ハチミツとフランボワーズビネガーでコンフィにした大根」。大根のコンフィが絶妙な食感

**シェフズランチ　4100円**

○アミューズ:キャベツのキッシュ　○オードヴル:海の幸のマリネ　トマトとイチゴのソース　○スープ:ルダバガのスープ　○メインディッシュ:魚or肉料理(3種から1種)　○パンとバター　○プチデザート　○メインデザート　○コーヒー
※メニュー内容は季節·仕入れによって変更あり

岡山市北区/フランス料理

フランス料理
# プリドール
プリドール

## 固定ファンの多い名物シェフの華麗な芸術的ランチを堪能あれ。

ＪＲ岡山駅直結の「ホテルグランヴィア岡山」19階。市街地が広がる絶景ビューを眺めながらいただけるのは、まるで花束のような華やかなランチ。食材ひとつひとつを別々に調理し、お皿の上で絵を描くようにひとつにして、さらに口の中で味がまとまるよう細心の工夫が施されている。本日のアミューズはイチゴを野菜として使い、甘みと酸味をいかしたソースに仕上げた一品。スープはルダバガというカブを4層の成分に分けたムース仕立ての食べるスープで、デザートのような感覚でいただける。また、メインディッシュのサワラは繊維を壊さないようにじっくりと焼き上げ、甘辛い大根のコンフィとの食感のコラボレーションが楽しめる。このコースではたくさんのデザートが味わえるのも女性にとっては嬉しいポイント。素晴らしいロケーションと計算し尽された料理の数々に、うっとりするような時間が味わえるはず。

1

2

3

4

5

1.19階からの眺望は格別　2.料理長の中西シェフ。芸術的な発想と色彩センス、確かなその味で固定ファンが多い　3.まるで花束のようなオードヴル。見た目にも美しいエディブルフラワーはビタミンも豊富　4.プチデザートの「コーヒーのブランマンジェ」、メインデザートの「北海道産マスカルポーネのムースのアイス、黒コショウを効かしたメレンゲ」と「岡山県産イチゴのソルベとクランブル」　5.一品一品が楽しい驚きの連続のコース全品

## *More Menu*

プチ・シャルマン（平日限定ランチ）／3000円　女子会ランチ／4500円　季節のディナー／10200円　ソワール（平日限定ディナー）／8000円
【ディナーの料金の目安／一人あたり10200円】

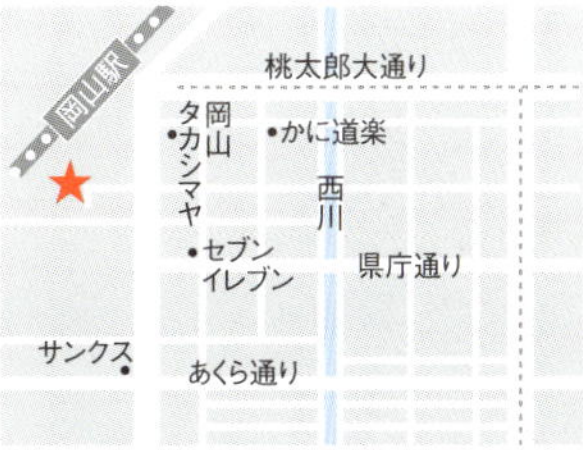


*DATA*

住 岡山市北区駅元町1-5　ホテルグランヴィア岡山19F
電 086-234-7000（代表）
時 11:30～14:30（LO14:00）、17:30～22:00（LO21:00）
休 なし
P 171台
HP http://granvia-oka.co.jp
交 JR岡山駅2階直結
席 テーブル32席　※仕切りで個室も可
CARD 可　禁煙　予 予約可

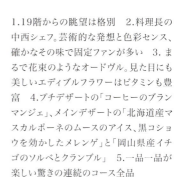

ある日の「こはく」の前菜。盛り付けの美しさ、器使いのセンスのよさに、思わずため息がこぼれる

こはく　2200円

○前菜9種盛り　○四重の料理（炊き合わせ･蓮根餅など4種）○刺身　○茶碗蒸しorクリームコロッケ　○ご飯　○汁物　○デザート

**岡山市北区/日本料理**

日本料理

# 桜楽

さくら

## 料亭の味をリーズナブルに。人気店でいただく魅惑の会席。

岡山市内の和食の名店で腕を磨いた店主がオープンさせた日本料理店。上品な和風の入り口をくぐると、ガラス越しにミニ庭園を望むカウンター席と5つの個室が広がる。そんな癒しの和空間のなか、本格的な料亭の味をリーズナブルに味わえるとあって、平日昼間でも大勢の客で賑わっている。昼の会席は4種類そろい、なかでも人気なのが「こはく」だ。前菜9種盛りは、見た目も味にも旬の息吹を感じる逸品。焼き物、蓮根餅などを4段のお重に盛り付けた「四重の料理」も、また見事。お重を開くごとに、丁寧に作られた料理が盛り付けられ、その本格的な味わいに魅了された常連客も多数。女将をはじめとするスタッフの気さくな接客も好評で、なごみのひと時を堪能できる。美星町の野菜や米、瀬戸内近海の旬魚を使い、料理人が昇華させた料理は、会席はもちろん、一品料理も充実。来店する際は、早めの予約がおすすめ。

1

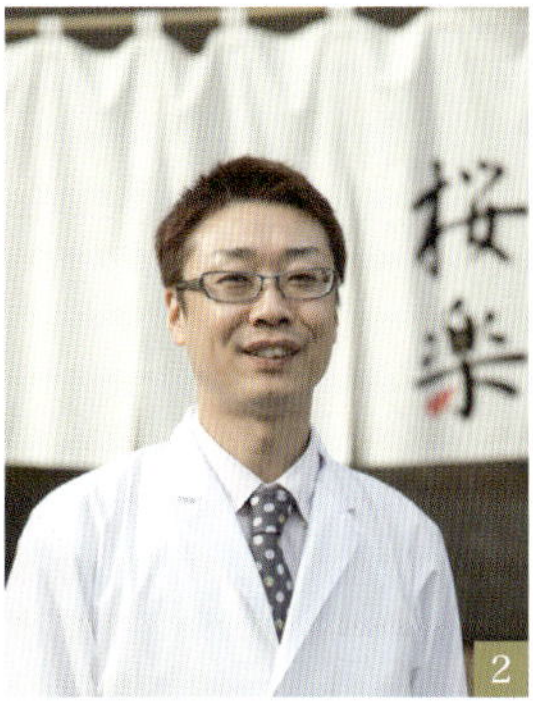


2

3

4

1.カウンター席のほか、2人、4人、8人を収容できる個室がある　2.「素材そのものの良さを引き出す料理を心がけています」と話す福原省三さん　3.「四重の料理」のひとつ、蓮根餅。和食の粋を閉じ込めた料理で、店を代表する一品　4.だしの風味がしっかり生きた茶碗蒸し。クリームコロッケと両方いただく場合はプラス500円でオーダー可能

## More Menu

碧(ランチ)／2500円　桜楽日和り(ランチ)／3000円　あやめ(夜)／4300円　会席コース／5500円〜　蓮根餅／650円　お酒／380円〜
【ディナーの料金の目安／一人あたり4500円〜】

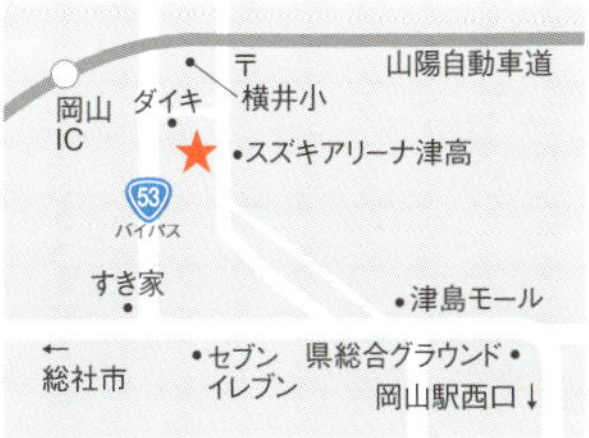


*DATA*

住 岡山市北区津高752
電 086-250-3026
時 11:30〜14:00、17:30〜21:00
休 木曜
P 8台
HP http://sakura.ecgo.jp/
交 津高妙でん寺前バス停下車、徒歩3分
席 カウンター6席、テーブル8席、座敷2席、掘りごたつ16席
CARD 可　分煙　予 コース料理は要予約

日替わりのメイン「鶏もも肉のロースト　赤ワインソース」。
こんがりと焼き上げたもも肉の中はプリプリでジューシー

**アフレンツァランチ　1706円**

○本日のメイン（日替わり）：鶏もも肉のロースト　赤ワインソース　○前菜、パン、スープ、ドリンクはビュッフェ形式

岡山市北区/イタリア料理

イタリアンと本格石窯料理

# AF_RENZZA

アフレンツァ

薪を使った本格石窯料理とビュッフェが自慢のランチ。

薪を使った石窯料理とピザやパスタをはじめとする本格イタリアンが味わえる店。ランチはビュッフェ形式で、食べ放題の前菜やスープ、パン、ドリンクがあるのがうれしい。前菜はサラダやマリネからスモークサーモンやチキン、揚げ物や焼き物、煮込み料理まで約20種類がずらりと並ぶ。パンは5種類、ドリンクは6種類が用意され、プラス４１０円でジェラートバーも楽しめる。一番人気の「アフレンツァランチ」のメイン料理は日替わり。自慢の石窯で食材を高温で焼き上げるため、遠赤外線効果で外はパリッと、中はふっくらジューシーに仕上がる。広い店内には間仕切りになったお座敷もあり、2種類のキッズランチも用意されている。ディナー時には照明を落として大人な雰囲気に変わり、平日夜は単品料理からコースまで、土日祝の夜にはビュッフェ形式に石窯で焼いたピザとデザートも加えられ、好きなだけ味わえるのも魅力的だ。

1.空間をゆったりと使ったテーブル席をはじめ、半個室のソファ席や座敷もあり、パーティやイベント、会議などのさまざまなシーンに対応できて貸切も可能　2.「お客様もスタッフもみんなが楽しめる料理を」と話すシェフの橋本和義さん　3.写真はコース例。前菜、スープ、パン、ドリンク類がビュッフェ形式なので、数々の料理を心ゆくまで堪能できる　4.フロアの奥には間仕切りになった座敷席も。ウェディングなどの時には控え室としても使用できる

## More Menu

パスタAランチ／1598円　ピッツァランチ／1922円　コース／3024円～　ディナービュッフェ（土日祝限定）／メイン料金+972円
【ディナーの料金の目安／一人あたり　3000円～】

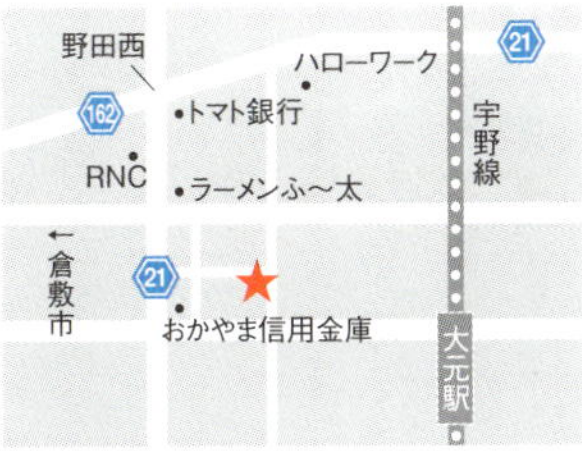


*DATA*

住 岡山市北区西古松西町5-5
電 086-242-3630
時 11:30～15:00(LO14:30)、17:30～22:00(LO21:30)
※土日祝の昼は11:30～15:30(LO15:00)
休 水曜、第2・4火曜　P 150台(2時間まで無料)
HP http://isp-corporation.com/af-renzza/
交 JR大元駅から徒歩15分
席 テーブル100席、座敷40席、貸切可
CARD 可　分煙(半個室のみ喫煙可)　予 予約可

ぷりぷりの海老と牡蠣はココナッツのようにミルキーなゴボウクリームのソースで。マッシュカボチャはほんのりカレー風味

岡山市北区/日本料理

創作料理

# 三日月

みかづき

**お昼のコース　2500円**

○前菜:3種　○刺身　○寿司　○洋風メイン:海老と牡蠣のゴボウクリームソース、カボチャのマッシュカレー添え　○茶碗蒸し　○吸い物　○サラダ　○デザート:フルーツ盛り合わせ+柚子シャーベット　○コーヒー　※メニュー内容は季節・仕入れの状況によって変動あり

## 握り寿司と本格洋食を一度に味わえる、心づくしのランチ。

35年に渡り寿司職人を務めてきたご主人が、自宅を改装して2011年にオープンした創作料理の店。元寿司職人なので当然魚にはこだわりが強く、新鮮さを重視し、なるべく天然ものを使うようにしている。カウンター席では手際よく魚をさばく姿を目の前で見ることができる。また、握り寿司と一緒に本格的な洋食が味わえるのもこちらの特色。前菜担当の奥様と2人で食べ歩きをして、おいしかったものを覚えて帰って再現したり、イタリア料理店を営む2人の息子さんからレシピを教えてもらったりしてメニューに活かしているのだとか。食材はどれも「安心して口にできるものを」との思いで、野菜は奥様が近隣産地で仕入れてくる。ご主人はお客様の顔やメニューを覚えていて前回と被らないよう気を配っているという。ご夫婦の心づくしのおもてなしが家に招かれたような心地よさで、リラックスして食事を楽しめる。

1

2

3

4

5

1.窓から山桜が見える時期にはテラス席も利用可能　2.お祝い事や結納などにも使える個室のお座敷　3.「ほっとできる家庭的なものを」と奥様が毎日手作りする日替りの前菜。包み込むようなやさしい味わい　4.刺身と寿司のネタは鮮度も味も抜群　5.食材が豊富で盛りだくさんなコース。デザートも沖縄から取り寄せたドラゴンフルーツや高知のスイカなど、この日は10種類以上。さらに柚子シャーベット付きと女性には嬉しいサービス

## *More Menu*

お昼のコース／ 2500 円、3500 円
おまかせにぎり（夜、要予約）／ 2500 円、3500 円
【ディナーの料金の目安／一人あたり 4320 円～（コース）】

*DATA*

住 岡山市北区津高台1-2007-6
電 086-254-5566
時 11:30～14:30、17:30～21:30
休 水曜
P 8台
交 JR岡山駅からバス約40分「津高台団地南」下車、徒歩5分
席 テーブル20席、カウンター6席、座敷10名
CARD 不可
禁煙　予 夜は要予約

この日のメインは岡山では手に入りにくい白いマスを使った
「信州シナノユキマスのスモークグリエ　ごぼうのソース」

岡山市北区/フランス料理

Restaurant
# Croissance
クロワサンス

**本日のランチA（要予約）　2500円**

○本日のシェフおまかせ前菜:フランス産ホワイトアスパラガスと有機野菜のサラダ　○メインディッシュ1皿:（魚介料理orお肉料理）　○パン　○デザート:フロマージュブランのパルフェグラッセ　○食後のお飲み物
※メニュー内容は日替わり

## 静かな情熱と意志を感じる、進化し続けていくフレンチ。

岡山市中心部、イオン岡山の向かいを一本入った通りにある『クロワサンス』。店名はクロワッサン＝三日月から満ちていくように成長し続けたいという思いから名付けられた。オーナーシェフは東京の有名店や岡山の一流ホテルでシェフを務めた後、独立。クラシックなメニューはもちろん、他ではあまり見られない珍しい食材を使った独創的なフレンチも日々生み出している。ランチは日替わりで、この日の前菜はホワイトアスパラをメインに、ロマネスクやキオッチャ、黒ニンジンやニンジンのスプラウトなど有機野菜をふんだんに使用したサラダ。生命力のある力強い野菜は、主に県内の契約農家から仕入れている。シェフ自身、野菜が大好きで、野菜を多用した健康的で安心して食べられるフランス料理を目指している。目にも美しく口ではおいしく、インスピレーションを与えられる五感を刺激するフレンチがここにある。

1.オープンキッチンの対面式厨房で、調理を目の前で見られるライブ感がある　2.オーナーシェフの髙坂総一郎さん。フレンチの料理人として30年近いキャリアを持ち、「オカヤマアワード」の受賞歴も　3.バルサミコ酢とバターナッツカボチャのピューレでいただく前菜　4.紫サツマイモのピューレでデッサンした本日のデザート　5.一皿一皿がそれぞれアート作品のようなコース全品。黒い有田焼のお皿など、器にも独自のこだわりが

## More Menu

本日のランチB／3800円　本日のランチC／5000円　ディナーコース／6500円、8000円、10000円
【ディナーの料金の目安／一人あたり10000円】

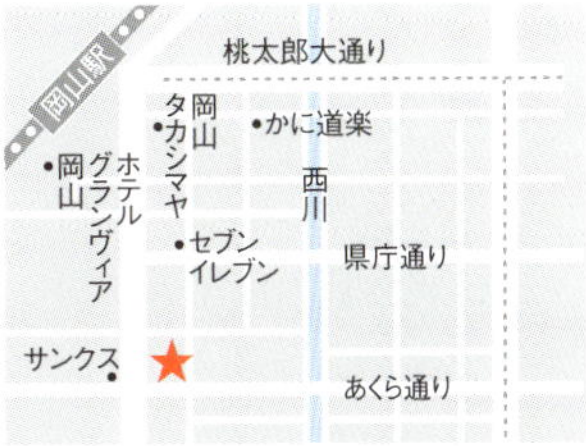


## DATA

住 岡山市北区幸町9-22 マンション樹宝101
電 086-238-8815
時 11:30～14:00、18:30～22:00
休 火曜（祝日の場合は振替休あり）
P なし
HP http://croissance.jp/
交 JR岡山駅から徒歩10分
席 カウンター6席、テーブル12席、半個室1室
CARD 夜のみ可　禁煙　予 完全予約制

週替わりの「ランチコース」。彩り、食感、味
コース全体のバランスも秀逸。メインは肉料理のことも

岡山市北区/イタリア料理

ristorante
# Stellina
ステリーナ

**ランチコース　2800円**

○前菜盛り合わせ　○パスタ　○メイン料理　○自家製パン　○デザート　○ドリンク

## 大人な雰囲気を醸し出す空間で極上イタリアンに魅了される。

イタリアで２００年以上続く名店「Ｌａ　Ｓｔｅｌｌａ」。そこで実績を重ねたオーナーシェフが作る極上のイタリアンが、ここ岡山で堪能できる。本革のテーブルセット、大理石の床、すべてオーダーメイドの器。上質なものが醸し出す、シンプルでありながら格調高い店内。この日のパスタは「ズワイガニのフェディリーニ」。濃厚なトマトクリームにカニのうま味や甘みが凝縮された絶品。スターフルーツやドラゴンフルーツを使った絵画のような彩りの前菜。完璧な火加減で仕上げたメイン料理。どれも皆、一口一口大事に味わって食べたい料理ばかり。その中にあって、決して脇役に埋もれない「自家製パン」の素晴らしさにも驚く。石釜焼きで、外はパリッ中はもっちり絶妙な塩加減がたまらない。冬にスイカ、春にカキ、食料品店に出回っていない時期の食材でスペシャル感あるもてなしを演出する「Ｓｔｅｌｌｉｎａ」。至福の時を約束してくれる。

1. 柔らかく外光を取り入れるガラス壁、タイル張りの内壁、シャンデリア、ベネチアンマスク…。オーナーのセンスが光る　2. 仕込みは朝4時から取り掛かる。一切の妥協を許さないオーナーシェフ半田さん　3.「前菜盛り合わせ」サーモンとフレッシュなフルーツが好相性　4. オーダーメイドの器にも目を奪われる　5. メイン料理「天然エビと野菜のグリル　バルサミコソース」

## *More Menu*

ランチ／1500円　特別コース／3800円　おすすめコース（夜）5400円、7560円、10800円　石釜ピザ／2160円
【ディナー料金目安／一人あたり　5400円～】

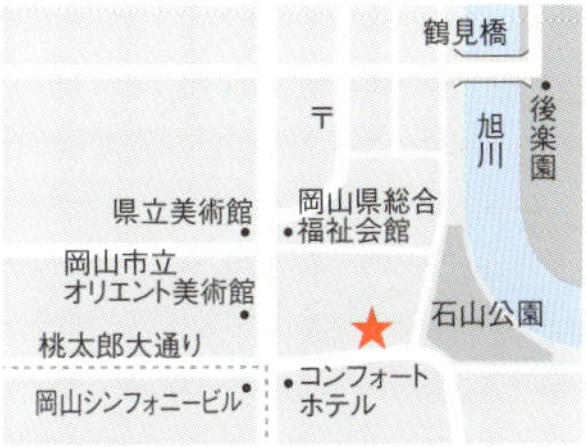


*DATA*

住 岡山市北区石関町5-18
電 086-222-1718
時 11:30～15:00(LO14:30)、
17:30～23:00(LO22:30)
休 火曜　※祝日の場合は翌日
P なし　HP なし
交 岡山電気軌道「城下」電停から徒歩3分
席 テーブル40席
CARD 可　分煙　予 可

味わい深い器に彩られた華やかな料理が印象的な「花重ね」

**花重ね　2800円**

○先付け　○お造り　○八寸　○揚げ物　○煮物　○蒸し物　○じゃこめし　○香の物　○味噌汁　○コーヒー　○抹茶のわらび餅

岡山市北区/日本料理

さかな処

# 和《なごみ》

## 鮮魚を主役にした繊細な料理に感動！

毎朝市場から仕入れる新鮮な魚介をふんだんに使った日本料理が楽しめる。3代続く老舗鮮魚店が営むだけあり、魚介の質、鮮度、味わいは折り紙付き。「上質な食材を仕入れて、その持ち味を生かすこと」を信条に、店主が作るのは、繊細で美しい料理の数々。ランチには、リーズナブルな定食から本格的な会食まで幅広くそろい、魚を主役にした逸品にリピーターも多い。なかでもオススメの昼会席が、「花重ね」。鮮魚を随所に使った見た目も美しい八寸をはじめ、お造りや煮物、じゃこ飯と魚介尽くしの11品が付く贅沢な内容。魚介のうま味を引き出した上品でやさしい味付けばかりで、一口食べるごとに心がほっとなごんでゆく。お造りの刺身醤油やポン酢は自家製で、米や野菜の一部は契約農家から直接仕入れたものを使い、魚以外の食材にも一切の妥協はない。鮮魚で彩られた旬を感じる品々を、ぜひ味わって。

1.テーブル席と座敷、カウンター席を配した明るい雰囲気の店内。普段のちょっとした贅沢な食事にもオススメ　2.店主の太田英一郎さんが腕をふるう料理を、心ゆくまで堪能したい　3.「花重ね」の八寸。「オクラと桜海老の和え物」や「鰆の照り焼き」など季節替わりのメニューが登場　4.「花重ね」のお造り。ヒラメ、スジガツオなど旬の魚が器を彩る

## More Menu

特製うな重／並2160円、上4100円　お造里御膳／1600円　天婦羅御膳／1300円　たたき御膳／1300円　天丼／900円　昼懐石(要予約)／3240円～　日替わり御膳(平日、数量限定)／800円【ディナーの料金の目安／一人あたり3000円～】

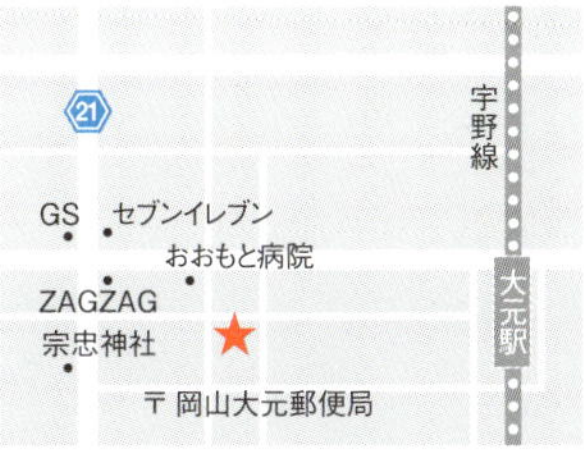


*DATA*

住 岡山市北区西古松2-26-22-107
電 086-245-7635
時 11:30～14:00(LO13:30)、
17:00～22:30(LO22:00)
休 月曜　P 5台
HP http://www.wa-nagomi.co.jp/
交 JR大元駅から徒歩8分
席 テーブル12席、カウンター8席、座敷12席
CARD 可　喫煙　予 不要

「短角牛のタリアータ」は赤ワインとジュニパーベリーのソース、自家製の青いトマトのジャムにポレンタを添えて

**おまかせコース（3日前までに要予約）　6600円**

○アペタイザー:安納芋のスフォルマート　○前菜　○リゾット:きのこのリゾット　○パスタ:アニョロッティ　○メイン:岩手県産 短角牛のタリアータ　○自家製パン　○お口直し:レモンのグラニテ　○ドルチェ:リンゴとアマレッティのタルト、スパイスのジェラート　○エスプレッソ

岡山市北区/イタリア料理

# Ristorante Matsumura

caccia & cucina

リストランテ　マツムラ

## 裏山や畑から食材を調達するスペシャルなリストランテ。

大阪から移住し、2013年に店をオープン。「作れるものは作り、獲れるものは獲る」というスタンスは新鮮で安全なものを食べてほしいという思いから。周囲にある畑で、無肥料・無農薬・不耕起の自然農で野菜の栽培を行っている。春には山里育ちの奥様とウドやワラビなどの山菜採り。猟の時期にはシェフ自らがシカやイノシシを獲ってきてさばき、調理する。元々は大阪でも有名なリストランテを開業しており、その頃からジビエ料理も出していたとか。この日の前菜は10種類近くの野菜のほとんどが周囲の畑や山で採れたもの。自分たちで採ったものや手に入ったものでメニューを調整するため、内容は日替わりでおまかせ。自家製のパンはお客様が食べる時間に一番おいしい状態になるよう予約時間から逆算して焼いている。ここを目的にして来る価値のある、本格的な北イタリアの味に出会える幸せを感じられる店だ。

岡山市北区

1.窓の外には山々や畑の風景が広がる　2.オーナーシェフの松村和彦さん。奥様と2人で畑仕事や山菜採りをしていて電話に出られないことがあるため、気長にかけてみてほしいとのこと　3.本日の前菜「ネルベッティ（豚の頭の煮こごり）のサラダ仕立て」。野菜の90％以上は採れたてのもの　4.本日のパスタ「アニョロッティ」。自家製パスタ生地にジャージー牛の仔牛の肉を詰め、クリームソースをかけたもの　5.コース全品

## More Menu

おまかせコース（ランチ）／4000円、6600円、8800円　おまかせコース（夜）／6600円、8800円、11000円
【ディナーの料金の目安／一人あたり8000円】

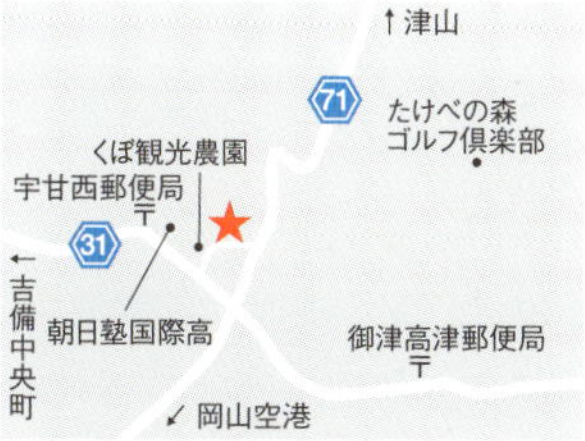


## DATA

住 岡山市北区御津紙工2848
電 086-737-4441
時 11:30～LO13:30、18:00～LO20:30
休 不定休
P 4台
HP http://matsumura2848.web.fc2.com/
交 JR津山線金川駅から車で15分
席 テーブル8席
CARD 可　禁煙　予 3日前までの完全予約制

「ちょっぴり贅沢ランチ」は、有機無農薬野菜を中心に、エビの串揚げなどが6本、ピーチポークのカツなどが付く

**ちょっぴり贅沢ランチ　1600円**

○海老の串揚げ　○グリーンアスパラの串揚げ　○黄ニラの串揚げ　○タケノコの串揚げ　○ホワイトマッシュルームの串揚げ ○小鮎の串揚げ　○ピーチポークのカツ　○小鉢2品　○ご飯　○サラダ　○汁物　※季節や仕入れなどにより内容は変わります

岡山市北区/串揚げ

くしあげ飯房

# ごんご《ごんご》

## 岡山県産の朝採れ無農薬野菜を串揚げランチで堪能する。

岡山市内中心部にある、人気の串揚げ専門店。瀬戸内海で揚がる新鮮な魚介、岡山育ちのブランド肉、牛窓のマッシュルーム、牟佐の黄ニラなど、県内から厳選した逸品を、店主の熟練の技で手際よく揚げていく。口当たりは、自家製の生パン粉を使い、なめらかに仕上げられている。さらに、オリジナルブレンドの油で揚げることで、より軽い食感も楽しめる。「安心・安全な食材で、おいしく串揚げを味わってほしい」との思いから、2016年4月にメニューを一新し、岡山県産の有機・無農薬野菜を中心にした串揚げメニューを展開する。季節の新鮮野菜を、串揚げとサラダでいただく「ちょっぴり贅沢ランチ」は、その思いを体現したメニューのひとつ。一口いただくごとに、素材の力強い味わいが心と体を満たしてくれる。オープンキッチンを設けたカジュアルモダンな空間で、体思いのヘルシーランチをゆっくりと召しあがれ。

1

2

3

4

1.店主の見事な手さばきを眺めつつ、食事が楽しめるカウンター席。このほか、ゆったり食事ができる掘りごたつ席も用意　2.店主の井本隆章さん。岡山県の認定を受けた有機無農薬野菜の料理を提供してくれる　3.衣はサクサク、身はプリプリの揚げたての活車エビの串揚げ　4.(ごんご飯コース)自慢の串あげ8本と有機無農薬のサラダなどが付く、ちょっと贅沢な夜ごはんにいかが

## More Menu

ごんごランチ(昼)／800円　しっかりまんぞくランチ／1000円　自慢の海老串あげランチ(昼)／1200円　串じゅうコース(夜)／1944円　ごんご飯コース(夜)／2322円　ごんごにおまかせコース／串揚げ1本108円〜

【ディナーの料金の目安／一人あたり3500円〜】

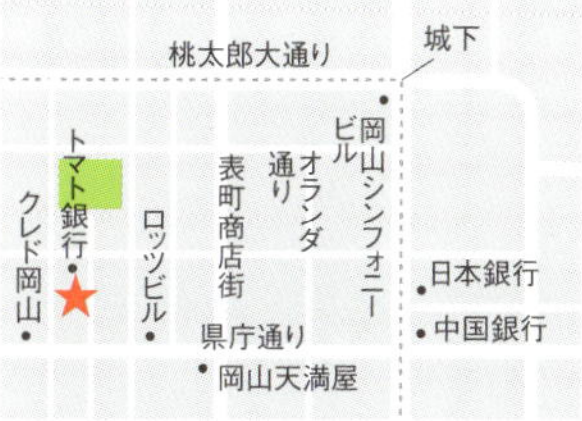


*DATA*

住 岡山市北区中山下1-9-12 クライン・ガルテン中山下2階
電 086-221-0055
時 11:30〜14:00、17:30〜22:00　※祝日は夜のみ
休 日曜、第3月曜
P なし
HP なし
交 岡山電気軌道「郵便局前」電停から徒歩3分
席 カウンター14席、掘りごたつ20席
CARD 不可　喫煙可　予 予約可

「ピーチポークのグリルと香味野菜のココット」。厚みのある肉でも柔らかく仕上がり、旨みはぎゅっと詰まっている

**ココットランチセット　2000円**

○メイン（8種から1種）：ピーチポークのグリルと香味野菜のココット　○サラダ　○自家製パン　○ココットデザート（3種盛り合わせ）　○ドリンク（1種をチョイス）：コーヒー、紅茶、オレンジ、パイナップル、ジンジャーエール、グレープフルーツ

岡山市北区/欧風料理

晴れ国ダイニング

# プロポスタ

プロポスタ

## 旨みを引き出して閉じ込める、ココット鍋のパワーを感じて。

岡山の地産地消レストランの先駆けである『プロポスタ』。岡山県産の食材を有効活用しようというシェフ達のグループ「岡山ナチュレ」にも所属し、地元食材の味を活かす調理法を試行錯誤するうち、ストウブ社のココット鍋に行きついた。鍋ふたの裏の突起から蒸気になった食材の水分が降り注いで蒸し焼きのような状態になり、旨みも栄養素も閉じ込めてくれる。水を一滴も使わず調味料も最低限にして、食材そのものが持つ野性的な味をより際立たせるシンプルな調理法だ。このココット鍋を使って調理したランチは、８種類の中からメインの肉料理が選べる。鍋の遠赤外線効果で、厚みのある肉にもまんべんなく火が通って、驚くほど柔らかに。鍋の中にはお肉のほかに１２〜１３種の野菜がごろごろ入っていて、旨みが凝縮された力強い味が感じられる。新鮮な食材が持つ味のパワーを、このランチでぜひ体験してみてほしい。

1.カウンター席もあり1人でも気軽に入れる　2.オーナーシェフの公文敬也さんとシェフの路子さん　3.デザート本日の3種は「高梁紅茶のパンナコッタ」「岡山産有機無農薬ビーツのバターケーキ」「岡山県産のいちご」。どれも爽やかでやさしい甘み　4.セットドリンクの中から選べる「高梁紅茶」は高梁市で生育した茶葉で、渋みが少なく日本茶に似たやさしい味　5.大きなココット鍋には野菜がぎっしり詰まっているのでボリュームも満点

## More Menu

ココットランチ／ 1500 円　ココットデザート&ドリンクセット／ 500 円　夜セット／ 1350 円+メイン料理 1000 円～　夜コース（要予約）／ 4320 円、5400 円～
【ディナーの料金の目安／一人あたり 4000 円】

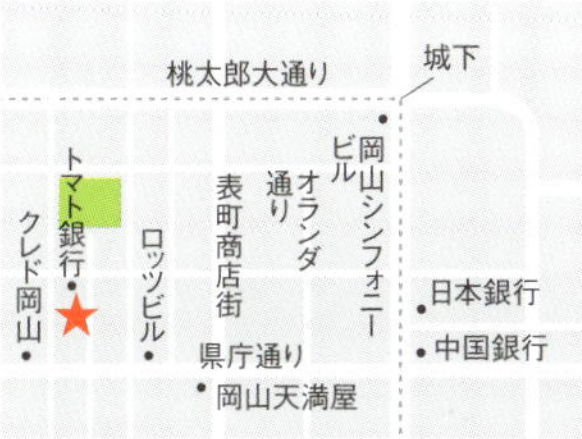


*DATA*

住 岡山市北区中山下1-9-12　クラインガルテン中山下
電 086-235-1377
時 11:30～15:00（LO14:00）、18:00～（LO22:00）
休 火曜　P なし（周辺に有料駐車場あり）
HP http://www.proposta-okayama.com/
交 JR岡山駅からバス約5分「天満屋バスステーション」下車、徒歩3分
席 カウンター5席、テーブル18席
CARD 不可　禁煙　予 予約不要

彩り、内容、質ともに見事な「かどや膳」。栄養バランスにすぐれた献立も魅力のひとつ

**かどや膳　2160円**

○八寸5種　○刺身3種　○天ぷら　○茶碗蒸し　○香の物　○ご飯　○汁物　○デザート
※仕入れなどの都合により、内容が変わる場合があります。

岡山市北区/日本料理

# 割烹《かっぽう》 かどや《かどや》

## 創業60年を超える老舗で瀬戸内の旬を束ねた逸品を。

創業者である先代は、東京オリンピックの選手村で料理総監督を務めたほどの実力者。以来60年、その技と心を引き継ぎ、暖簾を守る老舗割烹料理店。ここでいただけるのは、その日の朝に仕入れた瀬戸内近海の幸を主役にした、見目麗しき料理の数々。なかでも7種類ある昼のお膳は、内容、質ともに充実と評判で、店の名を冠した「かどや膳」は特に根強い人気を誇っている。たとえば八寸。炊き合わせ、五目煮、酢の物などの小鉢5種を、季節の草木、花が彩る器や盆に盛り付けたもので、目と舌で岡山の旬を感じられる内容に。刺身3種は、毎朝仕入れる新鮮な魚介を使う徹底ぶり。天ぷらは温かいうちにと揚げたてを提供する。「高級食材の魅力を気軽に味わってほしい」という思いから、あんこうなどを使った冬季限定の1人鍋が不定期で登場。趣ある個室で、老舗の粋を心ゆくまで堪能したい。

1

2

3

4

5

1.冬季限定で登場する「あんこう鍋」。このボリュームで1人前　2.「基本をぶらさず料理をすることで良いものを作る」と語る料理長の柴田訓友さん　3.瀬戸内の鯛のお頭を上品に炊いた鯛そうめん。小豆島産そうめんと相性抜群　4.瀬戸内産の真鯛の漬けを白飯にのせ、だしをかけていただく「鯛茶漬け」　5.全席個室の落ち着いた空間。2名から最大56名まで収容でき、会席から宴会まで様々なシーンに対応可能だ

## *More Menu*

週替わりのお昼膳（一日 30 食限定、祝日除く火〜土曜限定）／ 1250 円　あんこう鍋（冬季の昼のみ）／ 2160 円〜　鯛そうめん／ 1900 円　鯛茶漬け／ 1100 円　一品料理／ 400 円〜
【ディナーの料金の目安／一人あたり 5000 円〜】

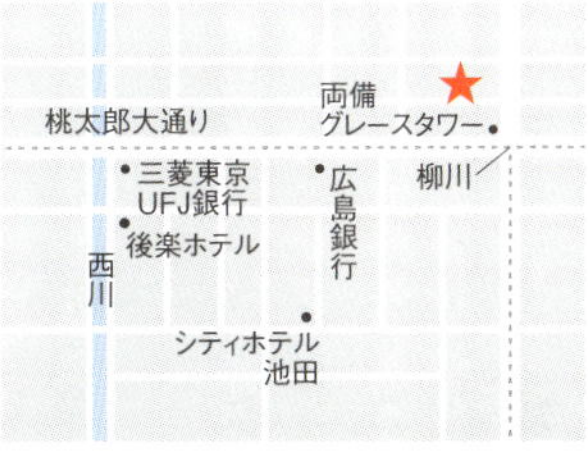


### *DATA*

住 岡山市北区野田屋町1-10-21
電 086-222-3338
時 11:00〜14:30（LO14:00）、17:00〜22:30（LO22:00）　※日曜、祝日の夜は〜21:30（LO21:00）
休 月曜　P 7台
HP http://www.kadoya-co.jp/
交 JR岡山駅から徒歩10分
席 テーブル12席、座敷145席
CARD 可（サービスメニューは不可）　喫煙　予 予約可

ランチのメインデュッシュは、レンズ豆の付け合わせとコロッとした形の自家製サルシッチャ。

**シェフのおまかせスペシャルランチ　2800円**

○前菜2品　○タイラギ貝の貝柱とプチベール　○カネーデルリのマッシュルームスープ　○自家製サルシッチャ　○北海道エゾ鹿のラグーソースのパスタ　○パン　○デザート　○コーヒー　※季節により内容が替ります。

岡山市北区/イタリア料理

# Carapan

カラパン

## 厳選素材と手作りの技が生む イタリア料理の醍醐味を堪能。

表町商店街の南時計台にほど近いイタリア料理店。欧州のオブジェのような木の扉を開けると、清潔感のある長いカウンターとオリーブオイル、ガーリックの香りが出迎える。イタリア料理の基本に忠実な姿勢を貫くオーナーシェフは、手作りにこだわる本格派。この日のおまかせスペシャルランチのメインは、新見産ピーチポークを使ったお手製のサルシッチャ（ソーセージ）。ざっくりした粗びき肉の食感と、かむほどにじんわりと肉の旨みが味わえる逸品。パスタは、柔らかく煮込んだエゾ鹿の肉をラグーソースでしっかり味付けした低加水パスタフレスカ。コシがあるのに歯切れがよく、小麦の風味が感じられる麺だ。他にも、自家製タリアテッレや手打ちのタヤリンなど、手間を惜しまず真摯に作り上げるパスタが人気。希少生産の自然派ワインを片手に、ちょっと贅沢な心づくしのランチを楽しみたい名店である。

1

2

3

4

1.ライブキッチンに面したカウンター、奥にはテーブル席とライトアップされた井戸もある個性的な店内　2.たびたびイタリア現地で腕をみがくオーナーシェフの坪田さん　3.手前右はタイラギ貝の貝柱とプチベールのサラダ、手前中央は牛窓のカブのパンナコッタとほうれん草のスフォルマート(蒸し焼き)。手前左はパンの団子「カネーデルリ」入りマッシュルームスープ　4.エゾ鹿肉に赤ワインのソースが良く絡んだ低加水パスタフレスカ

## More Menu

Aランチ／1650円～　Bランチ／1250円～
【ディナーの料金の目安／一人あたり5000円～】

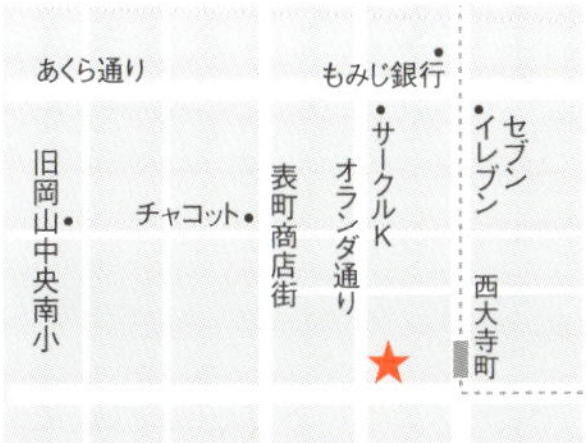


### DATA

住 岡山市北区表町3-9-33
電 086-234-3577
時 11:30～14:30(LO13:30)、
18:00～23:00(LO22:00)
休 火曜　P なし
HP なし
交 岡山電気軌道「西大寺町」電停から徒歩1分
席 テーブル20席、カウンター6席
CARD 可　分煙　予 予約をおすすめ

季節の小鉢料理の数々。この日は鰤の照り焼き、鰆の刺身、牡蠣の大和蒸し、牛肉のごぼう巻きなど山海の幸がたっぷり

岡山市北区/日本料理

寿司・割烹

# 喜怒哀楽

きどあいらく

**旬彩御膳(限定30食)　2808円**

○季節の小鉢料理　○季節の天ぷら:ピーチポークの洋なし巻、さつま芋、あしらい　○寿司:あん肝、海老、焼穴子、平目、サーモン、巻物など　○汁物　○デザート:アルム卵の自家製喜楽プリン
※メニュー内容は季節・仕入れによって変更あり

## バラエティ豊かな日本料理をカジュアルに楽しめる。

昭和50年創業の日本料理の店。「どんな気持ちで来ても店を出るときには喜んで楽しい気分でいてもらいたい」という思いからバラエティ豊かなメニューを取りそろえている。毎日仕入れる新鮮な魚介を使ったお寿司やお刺身、鏡野町産のヤマメ料理のほか、丼ものや定食、鍋料理や会席料理まで、昼夜同じメニューでリーズナブルに提供してくれる。その中でもランチでしか味わえない30食限定のメニューが「旬彩御膳」。色とりどりの山海の幸を集めた小鉢料理のほか、にぎり寿司に天ぷら、汁物にデザートまで付いた豪華な御膳だ。小鉢の中の一品一品はすべて手作りで、食の安全や健康に配慮したやさしい味に仕上げている。「岡山名物ばらずし」や「ままかりの押寿司」などメニューはすべて持ち帰りが可能。ドライブスルーのサービスも行っている。お子様用のメニューや授乳室もあり、子ども連れでも気兼ねなく利用できる。

1.テーブル席のほか座敷やカウンターも
2.調理担当の遠藤直人さんとホール担当の長原可奈さん。スタッフは皆わき合いあいと気持ちのよいサービスをしてくれる
3.季節の天ぷらとお寿司。本日の天ぷらはピーチポークの洋なし巻など。本日のお寿司は7貫で、焼穴子、あん肝、平目など
4.使われている食材は30品目以上はあり、お刺身から炊き物、揚げ物、酢の物など、さまざまな調理法で四季の味覚が楽しめるバラエティ豊かな小鉢膳

## More Menu

ヘルシー華篭膳(日祝除く)／1728円　岡山ばらずし御膳／2700円　おまかせ会席／4320円～(夜)
【ディナーの料金の目安／一人あたり　4000円～】

## DATA

住 岡山市北区下伊福2-9-21
電 086-254-4455
時 11:00～14:30(LO14:00)、17:30～22:30(LO22:00)※日祝の夜は17:00～22:00(LO21:00)、ドライブスルー10:30～20:00
休 月曜(祝日の場合は翌日)　P 80台
HP http://www.kidoairaku.co.jp/
交 JR岡山駅から徒歩20分
席 テーブル22席、カウンター7席、座敷140席、個室あり
CARD 可　分煙　予 予約可

白身魚やイカは、ヒマラヤの岩塩でさっぱりと、
ふっくらした煮穴子は飲めそうなほど柔らかい

岡山市北区/日本料理

活種

## 鮮寿《せんじゅ》

**いきだね寿司ランチ　1800円**

○握り寿司八貫（玉子焼き付）　○小鉢二種　○味噌汁
○デザート　※すべて日替わり

毎日変わる新鮮なネタと料理、ちょっと贅沢なランチに舌鼓。

和食や寿司屋で修行してきた店主が、普通の寿司屋の業態に属さない新しい店をと、２００１年にオープンさせた「鮮寿」。和の装飾が随所にほどこされた店内は、照明を控えめにした趣ある雰囲気。ランチメニューは１種類のみで、席に着くと寿司と料理が自動的に運ばれてくる。岡山中央市場で店主自ら確認して仕入れる魚介類は、地場の素材が中心という。寿司飯が隠れるほどのボリュームがある煮アナゴや、シャキシャキと食感が楽しめる黄ニラは岡山名物。脂がのって美味しいスジガツオ、甘みのあるホウボウなど、どれから箸をつけるか迷いそう。小鉢のあん肝サラダやスズキの南蛮漬けは、寿司と相性良く上品な味。最後のデザートに至るまで、毎日変わる内容は、いつ来ても飽きさせない工夫に満ちている。夜はストップがかかるまで提供され続ける「おまかせにぎり」３８０円（１皿）など、お腹の空き具合に応じて楽しめると好評だ。

1

2

3

4

1.広々とした店内にどっしり構えた長いカウンターには、天井まである豪華な草花が飾られている　2.従来の寿司屋のイメージを覆す新業態で創業した福瀬オーナー　3.この日の小鉢2種は、あん肝のにんにくドレッシングサラダとスズキの南蛮漬け。紅白味噌と麦味噌をブレンドした味噌汁は優しい味わい　4.デザートも毎日手作りをするこだわり。ほんのり甘いしょうゆプリンとクリーミーなスイートポテト。量もちょうどよい一口サイズ

### *More Menu*

ランチは、いきだね寿司ランチ／1800円のみ　夜は旬感コース／2400円　いきだねコース／4800円
【ディナーの料金の目安／一人あたり4000円～】

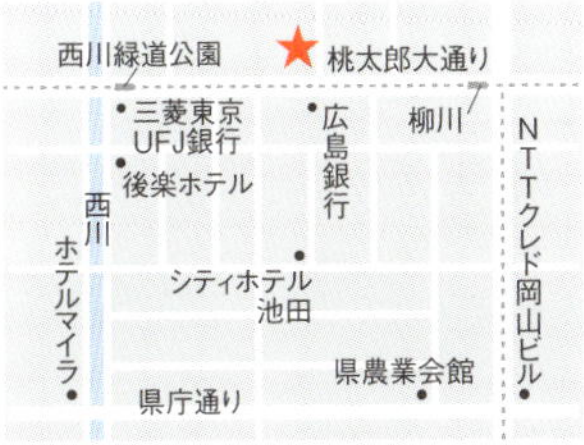


*DATA*

住 岡山市北区野田屋町1-6-15
電 086-233-3110
時 11:00～15:00(LO14:00)、17:00～22:00(LO21:30)
休 水曜　P なし
HP http://senju.enetde.com
交 JR岡山駅から徒歩10分
席 カウンター12席、テーブル28席
CARD 可　禁煙　予 予約可

ゆりねやジャガイモなど、旬の素材を盛り込んだ焚き物まんじゅう付き（1950円）にするのもオススメ

岡山市北区/日本料理

# あじ彩　真《あじさい　しん》

**ひさご弁当　1600円**

○季節の天ぷら、焼き物　○刺身　○ごま豆腐　○茶碗蒸し　○御飯　○味噌汁　○漬物　○デザート

## 目で楽しみ、舌で味わう季節の食材香る本格和食。

岡山駅から徒歩圏内。県庁通りを1本入った通りに佇む「あじ彩　真」。木目調の落ち着いた雰囲気の店内で、気軽に日本料理を味わえる。和食料理人として経験を積んだ店主が作るのは、季節を感じ目で見て楽しめる料理。旬のものや岡山の食材を中心に、一つ一つ丁寧に手作りされている。「味わっていただく時は第一印象も大切なので、彩りや盛り付けにもこだわっています」との言葉通り、どの料理も美しいものばかり。遠方からのリピーターがいるのも納得の心を魅了する料理が並ぶ。おすすめは「ひさご弁当」。4段重ねのひょうたん型の器を開けると、天ぷらや焼き物、刺身、ごま豆腐、御飯がお目見え。なめらかな舌触りと濃厚なごまの風味が絶妙なごま豆腐は、女性に人気の一品。ランチはリーズナブルな定食、丼物から、弁当、コース料理まで、メニューが充実。繊細で味わい深い日本料理を、じっくり堪能しよう。

1.日本料理のイメージとは違ったジャズが流れる店内。夜は、落ち着いた空間で本格割烹が堪能できる　2.様々な店で和食の腕を磨き、2013年に当店をオープンした店主の野上さん　3.天ぷら、刺身、茶碗蒸し、焼き物、焚き物が味わえるあじ彩弁当(2100円)。弁当、御膳はデザート付き　4.ミニ会席が楽しめる真御膳(2800円)のメイン料理、焼き物８寸盛り。刺身や焚き物、揚げ物のほか、炭を煮込んだ炭うどん入りサラダが珍しいと好評

## More Menu

国産牛　しぐれ弁当／1600円　鴨鍋御膳／1800円　週替わり丼／1000円　鮭親子丼／1000円　天麩羅定食／1000円　かつ鍋定食／1000円　豚ヘレカツ定食／1500円　あじ彩コース(夜)／3800円

【ディナーの料金の目安／一人あたり4500円～】

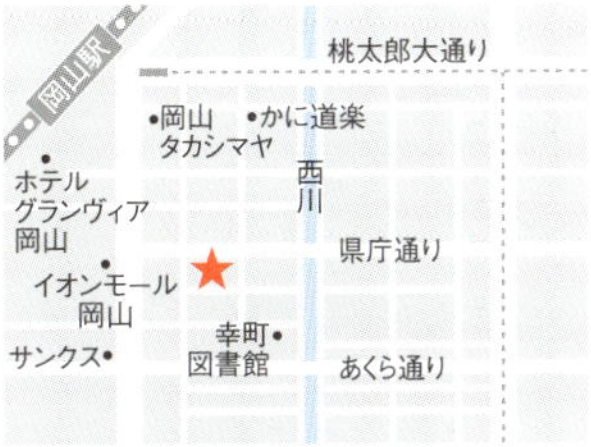


## DATA

住 岡山市北区幸町2-21 幸町ビル1F
電 086-221-8810
時 11:30～14:00(L.O13:30)、17:00～23:00(L.O22:30)
休 日曜　P なし
HP http://www.ajisai-shin.com/
交 JR岡山駅から徒歩8分
席 テーブル24席、カウンター3席
CARD ランチ不可、ディナー可
ランチ禁煙、ディナー喫煙　予 予約可能

フランス料理の醍醐味を堪能できる芳醇な赤ワインソースが鴨肉の旨みとよく合う「フランス産鴨のロースト」

岡山市南区/フランス料理

Restaurant Francais

# L'Escalier

エスカリエ

**スペシャリテ（要予約）　4860円**

○アミューズ:カボチャのスープ　○前菜:フォアグラとセミドライいちじくのテリーヌ　○魚料理　○お口直し:フランボワーズのグラニテ　○肉料理　○パン　○デザート:淡路島産安納芋のシブースト　○コーヒー　○プチフール
※メニュー内容は季節・仕入れによって変更あり

## クラシックな本格フレンチを肩ひじ張らず気軽に味わえる。

店名の『エスカリエ』はフランス語で「階段」の意味。一段一段、階段をのぼるように成長し続けていきたいという気持ちを込めて名付けられた。有名ホテルやフランス料理店で腕を磨いてきたオーナーシェフは、正統派でクラシックなフレンチを追求している。「昔ながらの伝統的なフランス料理の素晴らしさを知ってほしい」と、濃厚なソースをベースにした古典的なフレンチを提供してくれる。食材選びにも日々余念がなく、その時々に一番おいしくいただけるものを全国から取り寄せる。また、野菜は味がしっかりした有機栽培のものを主に使っている。良い食材を最高の状態で提供するため、食材にストレスを与えないようにと火入れにまで気を使っているという。お客様にはドレスコードやマナーなどにとらわれず、気軽に楽しく味わってほしいとのこと。正統派の本格フレンチを堪能できる幸せを感じられるはずだ。

1

2

3

4

1.全面ガラス窓で明るく、シンプルシックな店内　2.シェフの八藤弘さんと奥様の由美子さん。時代に流されない、伝統的なフランス料理に対するシェフのこだわりには料理人としての自信も伺えた。笑顔が素敵な奥様は「シェフについていくだけです」と陰で支えている　3.ランチのスペシャリテは特別な食材を使用するため、前日までの予約がベター　4.本日の魚料理は「愛媛県直送の天然鯛　桜えびのクルート焼き　甲殻類のソース」

## *More Menu*

ランチA／2160円　ランチB／3780円　ディナーコース(要予約)／5400円、8640円、12960円、17280円
【ディナーの料金の目安／一人あたり5400円〜】

### *DATA*

住 岡山市南区新保1611-1 ガラクシア・トーレ1F
電 086-239-9377
時 11:30〜14:30(LO14:00)、18:00〜21:00(LO20:30)
休 水曜
P 7台
HP http://lescalier.jp/
交 JR大元駅から徒歩15分
席 テーブル26席
CARD 夜のみ可　禁煙　予 夜は要予約

その日の仕入れによって毎日違うメニューが提供される『本日のランチ』　野菜をふんだんに使うのが特徴

**本日のランチ　5508円**※写真の組み合わせの価格

○自家製パン　○前菜サラダ仕立て　○メインのパスタ:天使海老と翡翠アワビ、チェリートマトのペペロンチーノ　○プラスのメイン料理:フランス産バルバリー鴨のグリル　○自家製デザート:丹波産黒豆ケーキ　○ドリンク　※パスタは5種類から選択　プラスのメイン料理は800円～

岡山市南区/イタリア料理

自然料理とワイン

# CUORE

クオーレ

## 素材を生かした多彩なメニューを種類豊富なワインで味わう。

住宅街の一角に隠れ家的に佇む『ＣＵＯＲＥ』。銀座で料理を学んだシェフが腕を振う多彩な料理が楽しめる店だ。「本日のランチ」は１０８０円からいただける他、パスタは5種類の中から選択（種類によってはプラス料金）。プラス８００円から肉、魚料理を付け足すこともでき、予算や好みに合わせて自在なコースが楽しめる。今回紹介する「フランス産バルバリー鴨のグリル」は、酸味のあるソースと鴨肉の相性が秀逸。ハッと息をのむような鮮やかな彩りに目も喜ぶ一品。翡翠アワビを贅沢に丸ごと一つ使い、肝のコクをソースに絡めたパスタは至福の味わい。有機野菜と旬の食材を厳選して仕入れるため、メニューは全て日替わり。一期一会の味わいを堪能しよう。料理を引き立ててくれるワイン類も充実の品揃えで、料理と共に楽しみたい。アットホームな雰囲気の店内で、シェフの趣味で集めたレコードをＢＧＭに仲間や家族と幸福なひとときを。

1.カウンター席がメインの店内。アットホームな雰囲気でくつろげる　2.レコード鑑賞が趣味のオーナーシェフと奥様　3.「日替わりデザート」丹波産の黒まめを使ったしっとり食感のケーキ、飾りの飴細工ももちろん手作り　4.ごぼうの香りが引き立つフリッタータと紅芯ダイコンやエンダイブなど珍しい野菜を使った「前菜サラダ仕立て」　5.ブラッドオレンジと赤ワインのソースが鮮やか

## *More Menu*

パスタセット（ディナー限定）／1620円　おまかせコース（ディナー限定）／2160円　おまかせコース（ディナー限定）／3240円　レオポルド・デコ（ボトル）／3024円　各種グラスワイン／648円～【ディナーの料金の目安／一人あたり　1620円～】

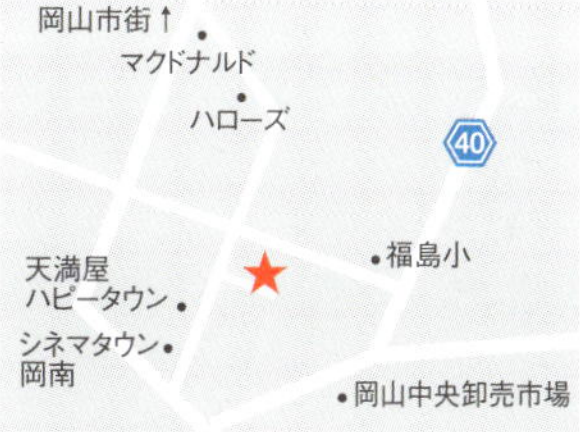


*DATA*

住 岡山市南区築港栄町8-21
電 086-259-5596
時 11:00～14:30、17:00～22:00
休 水曜
P 1台
HP なし
交 JR岡山駅から約30分「築港栄町」下車、徒歩2分
席 テーブル4席、カウンター8席
CARD 不可　禁煙　予 可

厳選した国内産の活うなぎを使った「ひつまぶし」は香ばしい焼き目と中のふわっと柔らかい食感が一度に楽しめる

**ひつまぶし(一匹)　3950円**

○ひつまぶし　○お吸い物　○香の物
○海鮮サラダ:ブリ、タコ(※季節・仕入れによって変更あり)

岡山市南区/日本料理

うなぎ・魚料理

# うおじま《うおじま》

## 活うなぎならではの香りと食感に舌鼓。

昭和57年創業の、岡山では珍しい活うなぎが食べられる店。いけすで生かしておいたうなぎを注文が入ってからさばくスタイルで、活きの良いうなぎは焼くと外側はパリッと香ばしく、中はふわっと柔らかになる。一匹を余すところなく、キモにもタレを付けて焼いて出してくれる。タレはうなぎの頭と骨を焼いて旨みを凝縮させ、大阪から取り寄せている醤油で炊き上げたもの。おひつの中にはうなぎとご飯がぎっしり詰まっていて、最初はうな重として、2杯目は風味のよいダシをかけて、旨みをたっぷり堪能することができる。

うなぎは一般的には夏の土用のイメージが強いが、冬でも他の魚と同じく脂がのって食べ頃だという。また、夏の初め頃の「新仔」という1年物の若いうなぎは、身が柔らかく絶品なのだとか。こちらではその時々で一番おいしく食べられる国内産のうなぎを仕入れ、1年を通して提供してくれる。

1

2

3

4

1.住宅街の中にある隠れ家的な店。1人でもファミリーでも接待でも、家族的なあたたかいもてなしで迎えてくれる　2.注文を受けてからさばくので鮮度は抜群　3.ひつまぶしのかけダシは厚削りのカツオを使い、深いコクと絶妙な塩加減でつい箸が進む　4.ランチにはすべてお刺身の海鮮サラダが付く。この日はブリとタコの刺身。サラダドレッシングも自家製でコクのあるそのおいしさから商品化され、市内のスーパーでも販売されている

***More Menu***

ひつまぶし小(半)／3150円　うな重／2800円(半匹)、3700円(一匹)　牛ヒレ網焼き重／3700円　※持ち帰りもあり

【ディナーの料金の目安／一人あたり4000円】

*DATA*

住 岡山市南区福富西1-3-23
電 086-263-7997
時 11:30～14:30(LO14:00)、17:30～21:30(LO20:50)
休 月曜、火曜の昼
P 10台　HP なし
交 JR岡山駅からバス約20分「福富西1丁目」下車、徒歩3分
席 座敷16席、カウンター15席、個室2室
CARD 可　喫煙　予 予約可

メインディッシュの「瀬戸もち豚と白菜のカスレ」。芯付きの白菜を蒸した後に煮込み、油をほとんど使わない調理法で仕上げている

**季節のコース　2100円**

○アミューズ:野菜とフルーツのジュース、レバーペーストのブルスケッタ　○前菜:(2種から1種を選択)　○スープ:(2種から1種を選択)　○メインディッシュ:(肉料理or魚料理を選択)　○パン　○本日のデザート　○コーヒーor紅茶orオレンジジュース　※メニュー内容は月ごとに変更

岡山市南区/フランス料理

# 風ノウタ

かぜノウタ

## 野菜の新しい可能性を発見する驚きと感動がある創作フレンチ。

のどかな田園風景の中に佇む、ヨーロッパ郊外にある田舎の邸宅のイメージ。この絶好のロケーションでいただけるのは野菜たっぷり、かつボリュームも満点のランチ。すべてのランチにはアペリティフ代わりに必ず「野菜とフルーツのジュース」が付く。これは最初に野菜を摂っておくとカロリー摂取の面で体に良いという配慮から。野菜は無農薬のものが主で、シェフが自宅で育てたハーブを使うことも。前菜の人気メニュー「カゼノウタ風サラダ」には、旬の野菜が約15種類も使われている。デザートにも爽やかな甘さのある野菜を使用するなど、アイデアたっぷりのメニューは野菜の新しい可能性を発見する驚きがある。こちらではチャペルを併設し、1日1組限定のレストランウェディングも行われているため、スタッフは全員サービスのプロ。「高いクオリティの料理とサービス、ロケーションに感動を合わせて100%」という、どの要素も大切にするバランスの良さが、この店のあたたかい雰囲気を作り上げている。

1

2

3

4

5

1.吹き抜けの天窓から光がふりそそぐ、広々として心地よい店内　2.シェフの歌野佑亮さん。「ワクワクする遊び心を楽しんでほしい」と奇をてらわない、おもてなしの心で創意工夫あふれる料理を提供する　3.今月の前菜メニューのひとつ「カゼノウタ風サラダ」は色とりどりの野菜がたっぷり　4.本日のデザートは「ローリエとドライトマトのスフレグラッセ」。生のローリエとドライトマトを爽やかな甘さに仕上げたヘルシーなデザート　5.野菜がたっぷり摂れて満足感も味わえるコース

## *More Menu*

A コース／ 2100 円　B コース／ 3600 円　C コース（要予約）／ 5000 円～　ディナーコース／ 5000 円～（※夜は 2 日前までに要予約）
【ディナーの料金の目安／一人あたり 5000 円】

*DATA*

住 岡山市南区中畦1030-4
電 086-298-3442
時 11:30～15:00（LO14:00）、18:00～21:00
休 日・月曜、第1火曜※第1月曜は営業、貸切の場合あり要確認
P 20台
HP http://t-p-n.jp/restaurant/#!/kaze
交 JR瀬戸大橋線妹尾駅から車で10分
席 テーブル32席
CARD 不可　禁煙　予 夜は2日前までに要予約

その日に入った一番おいしい旬の魚介をにぎり寿司に。この日は、まぐろ、いか、海老、ブリ、サーモン、タコ、アジの軍艦巻き

**特上寿司ランチ　1620円**

○お寿司（7貫）　○天ぷら　○炊き合わせ　○サラダ
○手作り豆腐　○あら出汁味噌汁　○甘味
※メニュー内容は季節・仕入れによって変更あり

岡山市南区/日本料理

# 日の出漁業 岡山市場

ひのでぎょぎょう　おかやまいちば

## 朝競り落とした新鮮な魚介を ランチで食べられる幸せ。

オーナーが毎朝競りに参加して新鮮な魚介を仕入れてくるという『日の出漁業岡山市場』。鮮度抜群の魚介を使った日替わりの数量限定ランチ７８０円〜が毎日６種類用意されている。「特上寿司ランチ」は、旬の魚介のにぎり寿司７貫と日本そばに天ぷらや煮物、焼き物などたくさんの料理が一度に味わえるお得なランチ。魚のあらから出汁をとった味噌汁は磯の香りがしてコクがあり、にぎり寿司によく合う一品だ。また、最初は海鮮丼として、後から温かいダシ汁をかけて食べる「海鮮ひつまぶしランチ」１８００円も。このほか「とろ牛タンランチ」１２８０円などの人気メニューもある。夜はリーズナブルな食べ放題や単品メニューのほか、活サザエやあさり、海老などの魚介を網の上で焼く「浜焼き」もあり、街中に居ながらにして海辺にいるような感覚を味わえる。その時期にしか味わえない瀬戸内の旬を逃さず味わいたい。

1

2

3

4

5

1.カウンター席もあり、1人でも気兼ねなく利用できる　2.スタッフの蔀貴行さん　3.季節の食材を使用した天ぷら、炊き合わせ、焼き物、サラダなど。本日の天ぷらは海老、菜の花、かぼちゃ、ナスの4種類　4.手作り豆腐はおぼろ豆腐のようなやさしい味わい。自然食品志向だというオーナーが新鮮で安全なことを何よりも大事にしている姿勢が伺える。日本そばは夏は冷たく冬は暖かいだしをかけて　5.たくさんの食材をバランスよく、健康にも配慮して作られている

## *More Menu*

日の出海鮮ランチ／ 780 円〜　海鮮ひつまぶしランチ／ 1800 円
食べ放題コース(90 分、2 名〜)／女性 2786 円、男性 3218 円(＋1296 円で飲み放題)
【ディナーの料金の目安／一人あたり　3500 円〜】

*DATA*

住 岡山市南区新保883
電 086-244-1170
時 11:00〜15:00(LO15:00)、17:00〜23:00(LO22:00)
休 水曜　P 15台
HP なし
交 JR大元駅から徒歩15分
席 テーブル30席、座敷10席、カウンター8席、個室1室
CARD 可　ランチタイムは禁煙、夜は喫煙
予 予約不要

絶妙な火加減の「ジャージー牛のタリアータ」

**ランチ　2500円**

○前菜　○スープ　○パスタ（2種類から選択）　○メイン　○デザート　○パンorライス　○コーヒーor紅茶

岡山市南区/イタリア料理

# イルヴィラッジョ

イルヴィラッジョ

## 素材の味が引き立つ丹精込めたイタリアン。

南区妹尾の児島線沿いに建つこげ茶色のお洒落な一軒家『イルヴィラッジョ』。丁寧な下仕事や食材に合わせた調理をすることで、素材の美味しさを引き出すのがシェフの哲学。「ランチ」のパスタはトマトとオイルベースの２種類を用意、好みに合わせて選択できる。ウイキョウと鰆を組み合わせたここでしかないようなパスタが味わえるのも魅力。「ジャージー牛のタリアータ」は肉の芯温を測りながらジューシーに焼き上げた塩加減も秀逸な一皿。厳選素材を生かした繊細な味付けの料理に満たされる。また、「料理を引き立てるワインの知識も必要」と、ソムリエの資格も取得。夜は一人で気軽にパスタとワインを楽しむのもおすすめ。コーヒーインストラクターと紅茶コーディネーターの資格を持つ奥様が淹れる食後のドリンクも楽しみの一つ。プラス２００円でコーヒーに好きな絵を描いてくれるラテアートも評判だ。

1

2

3

4

5

1.落ち着いた雰囲気の中、時間を忘れてくつろげる店内　2.オーナーシェフご夫妻　3.飾りのチュイルも全て店の手作り。他にもティラミスやチョコムースなど、週替わりで提供される　4.鰆とウイキョウを使ったオイルベースのパスタ　5.無農薬の有機野菜と旬の素材を使った「ランチ」。この価格で県産ブランド肉「ジャージー牛」や「晴れ豚」が味わえるのはかなりお値打ち

## More Menu

ランチ／1500円　烏骨鶏のカルボナーラ／1400円　仔羊のグリル／2200円　グラスワイン／600円〜　Dinner／3000円　Dinner／5000円
【ディナーの料金の目安／一人あたり　3000円〜】

### DATA

住 岡山市南区妹尾2373-37
電 086-282-4934
時 11:30〜LO14:00、17:30〜LO20:30
休 日曜、月曜　P 7台
HP http://il-villa-ggio.com/
交 JR岡山駅からバス約25分「荒田西」下車、徒歩3分
席 テーブル12席、カウンター7席　CARD 不可
禁煙（テラス席は喫煙可）
予 土・日は予約をお勧めします

通常のデザートにプラス200円の
アップグレードバージョン。

岡山市南区/イタリア料理

路地caféイタリアン

# Cocco

コッコ

**ランチコース(アップグレードデザート)　2160円**

○前菜　○本日のパスタ　○メイン　○パンorライス
○デザート　○ドリンク

## お子様連れも大歓迎。気負わず楽しめるイタリアン。

岡山市の郊外にあるカフェレストラン。「日常の中の非日常」をコンセプトにカジュアルな雰囲気の店内で、日本人の口に合うようアレンジを加えた創作イタリアンが味わえる。洋食店では珍しい座敷席があり、小さな子どものいるファミリーや、年配のご夫婦からも利用しやすいと好評のよう。週替わりの「ランチコース」は、ボリュームもたっぷりで店の一番人気だ。4時間以上じっくり煮込んだ「国産牛バラ肉のポトフ」は箸でもスッと切れるほど柔らかな肉と、芯まで味のしみ込んだ野菜の優しい味わい。デザートはプラス200円でアップグレードできるのも嬉しい。「こだわらないのがこだわり」と話す気さくなシェフだが、食器はリチャードジノリ、コーヒーは焙煎から数日以内の豆しか使わないなど隠れた心尽くしが伝わってくる。気負わず一人でも立ち寄れる、お気に入りの一軒になること請け合いだ。

1.大人数にも対応可能な座敷席　2.カジュアルな雰囲気が心地良い。シェフの趣味、釣竿のディスプレーなど遊び心満載　3.日替わりの「シェフの気まぐれ前菜」　4.メイン料理「国産牛バラ肉のポトフ」　5.「ランチコース」通常デザートだと1800円でいただける

## More Menu

各種ランチセット（ラザニアセット・メインセット・パスタセット）／各1200円　お子様セット／787円　赤・白グラスワイン飲み放題（夜）／600円　おまかせコース／時価（前日までに予約必須）【ディナーの料金の目安／一人あたり　2000円〜】

## DATA

住 岡山市南区浦安本町74－1
電 086-262-5559
時 11:00〜15:00(LO14:15)、17:30〜22:00(LO21:00)
休 火曜、第1水曜
P 10台
HP なし
交 JR岡山駅からバス約40分「浦安本町」下車、徒歩3分
席「テーブル16席、カウンター4席」
CARD 可　禁煙　予 コースのみ予約可

この日のメインは「メキシコ産熟成牛ロースのグリエ　赤ワインソース」。深いコクのあるソースが熟成肉とよく合う

**ハルヤコース（熟成牛ロース付き）　2484円**

○オードブルの盛合せ:生ハム、イカのマリネ、スパニッシュオムレツ、スイスのチーズとリンゴ　○本日のスープ:カニのトマトクリームスープ　○メイン（パスタor魚or肉）:メキシコ産熟成牛ロースのグリエ　赤ワインソース　○自家製パン　○自家製デザートとコーヒー　※メニュー内容は変更あり

**岡山市東区/欧風料理**

ワインとチーズの店

# Repondre Haruya

ルポンドレ　ハルヤ

## 幅広い年代に愛されている アットホームなレストラン。

ワイン好きが高じて、ワインに合うチーズから始まり、料理、デザートと深く追求するようになっていったというシェフ。お客様の要望に応えているうちに、いつのまにかメニューが増えていったと言う。チーズは約40種類近くが常備され、店内で販売も行っている。オードブルにも必ず1品はチーズが入り、初夏は山羊のチーズ、盛夏にはモッツァレラなど、そのとき一番おすすめのチーズを出してくれる。自家製デザートとコーヒーが付くハルヤコース１９４４円はランチでもディナーでも楽しめるメニュー。メイン料理はパスタか魚か肉の中から1種類が選べる。写真の熟成牛ロースをチョイスした場合は２４８４円になる。こちらの店はスウィーツも好評で、常時５〜6種類の販売も行っている。お子様ランチもあり、子連れでの利用も大歓迎。年輩のご夫婦がランチと一緒にワインを楽しむ姿も見られ、幅広い年代が気軽に本格料理を楽しんでいる。

1.ウッドデッキで四方から光が降り注ぐ明るい店内　2.オーナーシェフの松井邦洋さんと奥様の恵美子さん　3.オードブル盛合せには、必ずその時期におすすめのチーズが1種類入る　4.この日のデザートセットは「モンブランのタルト」と「黒ごまのジェラート」。カッテージチーズのロールケーキなど、常時5～6種類が用意されているスウィーツの販売も好評　5.上品なスープからメイン料理まで本格コースが味わえる　※ディナーは完全予約制

## *More Menu*

プレートランチ／ 864 円　ピザランチ／ 1080 円　パスタランチ／ 1296 円　チーズフォンデュ単品（1 人前）／ 1944 円
【ディナーの料金の目安／一人あたり 3000 円～】
※ディナーは要予約

*DATA*

住 岡山市東区西大寺浜166-1
電 086-942-2783
時 11:00～14:30、17:30～(LO20:30)
休 日曜
P 8台
HP http://www.enjoy.ne.jp/~matsui-k/
交 JR西大寺駅からバス約15分「浜」下車、徒歩3分
席 テーブル20席
CARD 不可　禁煙　予 夜は完全予約制

オリーブオイルをかけオーブンでじっくり焼き上げた「イベリコ豚のロティー」。驚くほどやわらかで深い旨みがある

**フィレンツェランチ(スープ・サラダバー付き)　1600円**

○本日の前菜:3種盛り　○スープ　○サラダバー:鏡野町産の有機野菜ほか12種類　○本日のパスタ:3種類の中から1種　○メインディッシュ:本日のお肉料理orお魚料理から1種
※メニュー内容は季節・仕入れによって変更あり

岡山市東区/欧風料理

Casual Restaurant

# Primo Piatto

プリモ・ピアット

## 有機野菜のサラダバーが嬉しいアットホームな欧風料理の店。

緑に覆われたレンガ屋根の一軒家で、ヨーロッパの民家に招かれたような心地よいあたたかさが感じられる店。オーナーシェフはホテルで20年、料理人としては30年近くのキャリアを持つ。イタリア料理にこだわらず、フランス料理やロシア料理など各国の良いところを取り入れた欧風料理を目指す。「おいしいと思えるものなら何でも提供したい」と、選ぶ楽しさのある盛りだくさんのメニューで迎えてくれる。ランチコースではパスタが3～4種類の中から選べ、メインの肉料理や魚料理は数種類が用意されることも。また、こちらで好評なのはシェフの地元である鏡野町産の有機野菜を使ったサラダバー。新鮮な生野菜のサラダだけでなく、マリネや煮物など常時12種類が食べ放題なのが嬉しい。「女性がカロリーを気にせず食べられるよう気をつけてメニューを考えています」という、シェフのやさしい気遣いが感じられた。

1

2

3

4

5

1.アットホームであたたかみのある店内　2.オーナーシェフの藤田義則さん　3.鏡野町産の有機野菜を使用したサラダバーは常時12種類。マリネや煮物などもあり、ドレッシングも3種類が常備されている　4.全5種類のデザートプレート（+300円）。この日はダブルチーズケーキ、リンゴのシブースト、マロンケーキ、バニラアイス、カスタードプリン　5.コースのスープはおかわり自由。写真はドリンクバー（200円）、デザートプレート（300円）、パンorライス（100円）付きの盛りだくさんコース

## More Menu

プリモランチ／ 1350 円　ローマランチ／ 1250 円　プリモの唐揚げランチ、プリモの一口とんかつランチ／ 650 円　ベローナコース／ 2500 円（夜）　牛フィレステーキコース／ 3100 円（夜）　ほか
【ディナーの料金の目安／一人あたり 2500 円～】

*DATA*

住 岡山市東区可知5-140-23
電 086-237-0300
時 11:00～LO14:00　18:00～21:00（LO20:30）
休 火曜
P 24台
HP http://primopiatto.jp/
交 JR岡山駅からバス約23分「松崎」下車、徒歩3分
席 カウンター8席、テーブル23席
CARD 不可　禁煙　予 夜は要予約

本日の先付は、きのこの白和えイクラのせ、ワカサギの南蛮漬け、くるみのべっこう和え、鴨の燻製など、季節の味覚が10種類も

**旬の膳（平日のみ）　2000円**

○先付　○お刺身　○椀物　○煮物椀:季節の炊き合わせ　○天婦羅:菜の花とさつまいものかき揚げ、穴子と大葉の天婦羅　○お吸い物:はまぐりのお吸い物　○ごはん　○香の物　○デザート

※メニュー内容は季節･仕入れによって変更あり

岡山市中区/日本料理

日本料理

# 雅

みやび

## 大切な人との特別な一日を優雅に演出してくれるランチ。

華やかな色打掛けが飾られている室内、金刺繍入りの帯を使用したテーブルセンターなど、日本の雅を感じることができる日本料理店。「大切な人と食べてもらいたい」と話す料理長が腕を振るうのは、上品な味付けと季節を感じる盛り付けで、特別感のあるランチだ。「旬の膳」２０００円は、平日にしか味わえないスペシャルランチ。約１０種類の先付など一品一品に丁寧な仕事が施されている。また、四季の移り変わりを大切にしているこちらでは、季節により鱧やうなぎ、蟹やスッポンのメニューがあるほか、「千屋牛のひつまぶし」もある。姉妹店に肉懐石の店もあるため、国産牛の品質には自信を持って提供している。また初誕生のお餅や着物、初節句や長寿の祝いの衣装や小物も完備。尾頭付きの鯛が入った「七五三祝い懐石」や、仕出し弁当もあり、お祝い事や法要など、人生の節目の行事を思い出に残るものにできるはずだ。

1

2

3

4

5

1.店内は落ち着いた和の空間　2.畳敷きにテーブル席の個室は懐石5400円～の予約で利用が可能。隣にある離れの一軒家は縁側から日本庭園を望める、まるで自分の家のように気兼ねなくくつろげる雰囲気。懐石7560円～の予約で利用が可能　3.本日の椀物「よもぎ葛まんじゅう」。色とりどりのあられは見た目にも美しく、食感も楽しい　4.本日の炊き合わせは、海老、タケノコ、さやいんげんに山椒の葉を添えて　5.豪華なコース全品

## More Menu

美食懐石／ 4212 円　季節のミニ懐石／ 3240 円　仕出し弁当／ 2700 円～　雅／ 10800 円　華／ 7560 円　わかな／ 5400 円　寄せ鍋コース／ 5400 円～
【ディナーの料金の目安／一人あたり　5000 円～】

*DATA*

住 岡山市中区長岡459-6
電 086-279-3355
時 11:30～14:30、17:30～21:30
休 木曜（祝日の場合は営業）
P 10台
HP http://miyabi-okayama.jp/
交 JR東岡山駅から徒歩10分
席 テーブル34席、座敷40席、個室2室
CARD 可　禁煙　予 要予約

升の中には、茶ぶりナマコや鯛皮のチップス、菜の花の辛子和えや
小鮒の甘露煮、金柑の蜜煮ほか、12種類もの料理がぎっしり

**ミニ懐石（要予約）　3240円**

○お刺身　○煮物椀：ブリの粕汁　○向付：温かい葛豆腐のイクラがけ、大豆と金時人参と蒟蒻の含め煮　○八寸：節分升の盛り合わせ　○炊き合わせ：大根と金時人参と水菜、鴨丸　○ご飯　○お漬物　○お味噌汁　○お菓子　※メニュー内容は季節・仕入れによって変更あり

岡山市中区/日本料理

日本料理

# あおい

あおい

## 完成度の高い極上の日本料理をカジュアルに味わえる幸せ。

金沢の有名旅館で修業を積み、在ローマの日本大使館で日本料理の料理長を務めた店主が、２０１０年に店を構えた『あおい』。若いながらも卓越した技とその味は「自分に今できることは一生懸命、真剣に作ることしかないから」という真摯な姿勢が生み出した賜物。四季を大切にした食材とそれに合う器で、心を尽くしたもてなしの形を表現する。この日のミニ懐石の八寸は、季節に合わせた升型の器に全部で１２種類もの料理を詰め込んだ、まるで玉手箱のような一品。「つい、いろいろ入れたくなっちゃうんです」という店主だが、ひとつひとつの料理にそれぞれ繊細な味付けと細工を施しており、妥協のない丁寧な仕事ぶりが伺える。お造りからお菓子に至るまで、どの料理も素材の味をいかした上品かつ深みのある味わいで、ひと口ごとに幸せがしみじみと体に染み込んでいくような、やさしい気持ちになれる。

1.厨房を取り囲む、カウンターのみの全9席　2.ご主人の古家達洋さん。日本料理の伝統をストイックに追及する職人技が光る　3.この日のお刺身は「鯛の松皮造り」と「貝柱のあぶり」。松皮造りで削いだ鯛の皮には旨みがあるので、からりと揚げて「鯛皮のチップ」にして、八寸の中へ納まっている　4.煮物椀と炊き合わせ。実際には、お客様のペースに合わせて一品一品ゆったりと提供してくれる　5.旬の食材を使っているため、コース内容はそれぞれ2～3週間ごとに入れ替わる

## *More Menu*

お弁当／ 1940 円　点心／ 2700 円　ミニ懐石（要予約）／ 3240 円、4320 円、5400 円　懐石料理／ 5940 円（夜、当日正午までに予約）、8100 円、10800 円（前日までに要予約）
【ディナーの料金の目安／一人あたり 5940 円～】

### *DATA*

住 岡山市中区中納言町5-9 レナジア中納言1F
電 086-272-5066
時 11:30～14:00(LO13:30)、
18:00～21:30(LO20:00)
休 月曜　P 4台　HP なし
交 岡山電気軌道「中納言」電停から徒歩3分
席 カウンター9席
CARD 不可
禁煙　予 夜は当日正午までに要予約

牛フィレ肉をベーコンでメダルのように巻き、赤ワインでフランベした「牛フィレ肉のメダリオン　赤ワインソース」

**Bコースランチ　3500円**

○オードブル:こだわり野菜のサラダ　生ハムのディップ　○スープ:ほうれん草のポタージュ　○魚料理　○お口直しのソルベ　○肉料理　○自家製パン　○デザート:イチゴのミルフィーユ　○コーヒーor紅茶

※メニュー内容は月替わり

岡山市中区/フランス料理

森の邸宅

# 彩音

あのん

## 優雅な気分が味わえる美しい森の中の邸宅。

森の中に佇む石造りの洋館。周りは木々に囲まれ、石造りの階段を上ると重厚な木製の扉があり、まるでヨーロッパの小さなお城を訪れているよう。あたたかく晴れた日には、緑が美しいガーデンテラスで食事を楽しむこともできる。レストランの室内にはグランドピアノがあり、毎日のランチとディナー時それぞれ各2回づつ、ピアノや管楽器の生演奏やボーカルライブなどが行われている。ＢＧＭが流れるシチュエーションの中でいただけるのは、伝統的なフレンチに斬新なアイデアを加えた創作フレンチ。近隣から取り寄せた新鮮な食材を使ったメニューが、月替わりで楽しめる。自家製のパンは隣にある「森の工房Ｖａｒｉｅｒ」で作られているのでいつでも焼きたてがいただけて、おかわり自由なのも嬉しい。素晴らしいロケーションの中でゆっくりと味わう豪華なフレンチは、非日常の優雅なひとときを感じさせてくれる。

1.ランチタイムは12:00からと13:00から、ディナータイムは19:00からと20:00から各30分ずつ、ピアノや管楽器など毎日違う生演奏が行われている2.「地産地消を心がけ、なるべく近隣の新鮮な食材を使うようにしている」という料理長の陶山英巳さん　3.今回の魚料理は「金目鯛のポワレ クラムチャウダーソース 車エビのグリエを添えて」4.専属のパティシエが作るデザート　5.お口直しのソルベもつく本格的フルコース

## *More Menu*

パスタランチ／ 1500 円　A コースランチ／ 2800 円　B コースランチ／ 3500 円　ディナー A コース／ 3500 円　ディナー B コース／ 5000 円　ディナー C コース／ 7500 円　記念日コース 2 名で 10000 円（要予約）
【ディナーの料金の目安／一人あたり 3500 円〜】

*DATA*

住 岡山市中区湊1344-56
電 086-276-4088
時 11:00〜14:30（LO14:00）、17:30〜21:30（LO21:00）
休 火曜（祝日の場合は営業） P 40台
HP http://www.anon-okayama.com/restraunt/restraunt.html
交 JR岡山駅からバス約20分「東山峠」下車、徒歩2分
席 テーブル36席、ガーデンテラス30席、個室4室、大会場100席 CARD 可
禁煙（テラス席のみ喫煙可） 予 記念日コースは要予約

本日の魚料理の１つ、「鮮魚のポワレ　有機カブのソース」。魚貝のダシとカブのピューレを使ったソースが、白身魚とよく合う

岡山市中区/欧風料理

岡山国際ホテル

# THE GARDEN TERRACE

ザ・ガーデンテラス

**ランチコース　2700円**

○アミューズ·グール　○前菜:海老をライムでマリネ　甲殻類のジュレになめらかな白野菜のクレーム　○メインディッシュ:鮮魚のポワレ　有機カブのソース　○パンとバター　○お好みのデザート　○コーヒー又は紅茶 ミニャルディーズ ※メニュー内容は季節·仕入れによって変更あり

## 市街地を見渡せる緑の中、極上のランチをどうぞ。

岡山市街地を望む丘の上にある岡山国際ホテル。緑に囲まれた自然豊かなロケーションの中でいただけるのは、メインと前菜がそれぞれ選べるランチコース。メインは岡山県産の肉料理と高知県宿毛市から直送された魚介料理の計6~7種類が用意されている。食材は市場を通さず産地から直接仕入れているので鮮度は抜群。特に野菜は吉備高原や備前の有機野菜を取り寄せたり、スタッフが契約農家へ直接行って苗を植えたりと、なるべく地元産の良いものを使うように心がけている。デザートと共に味わえるコーヒーは、市内の武蔵野珈琲で特別にブレンドしたオリジナル「丘の森ブレンド」。また、紅茶は真庭市で作られた「かつやま紅茶」で、飲み物も料理の一つとして丁寧に提供している。一流ホテルならではのすみずみまで行き届いたサービスで、特別感を味わいながら極上のランチを堪能できる。

1

2

3

4

5

1.全面ガラス張りで解放感いっぱい　2.料理長の藤井克俊さん　3.本日のアミューズ・グールは高知県産黒ムツのブランダード、サーモンのリエット、トマトのシュー、さつまいものブリュレ、グアンチャーレ(豚ほほ肉の塩漬け)、さつまいものフリット。前菜も色とりどりで品数豊富　4.デザートは5種類の中から1種類が選べる。この日は「みかんのシブーストアイスクリーム添え」　5.厳選した食材を使用したバランスのよいコース全品

## More Menu

季節のランチコース／ 3780 円〜　ディナーコース／ 5400 円〜
アラカルト／ 2160 円〜
【ディナーの料金の目安／一人あたり 5400 円〜】

### DATA

住 岡山市中区門田本町4-1-16
電 086-230-0228
時 7:00〜10:00(LO9:30)、11:30〜15:00(LO14:00)、17:30〜22:00(LO21:00)
休 なし　P 300台
HP http://okayamakokusaihotel.jp/
交 JR岡山駅からバス約20分「岡山国際ホテル」下車すぐ
席 テーブル36席、テラステーブル56席、個室1室(要予約・別料金)
CARD 可　店内禁煙、外に喫煙場所あり　予 予約可

あさりのうま味が凝縮された絶品アクアパッツァ

ロッソ　2700円

○前菜　○パン　○サラダ　○パスタ　○魚料理　○肉料理　○デザート　○アフタードリンク

倉敷市/イタリア料理

# Pesce Luna

ペーシェルーナ

## 鮮度抜群の瀬戸内産魚介。一期一会の日替わり料理。

倉敷美観地区に新しく誕生した話題のスポット「奈良萬の小路」の一角にある「Pesce Luna」。無垢材の建具と趣ある中庭が印象的な店だ。板前経験と魚屋経験を併せ持つシェフが、その目利きを活かし、天然ものの瀬戸内の魚介を厳選仕入れ。県内産ブランド肉とともに作る新感覚イタリアンが、舌の肥えたゲストをも唸らせる。和の技法を取り入れた繊細な味わいが幅広い年齢層から指示されている。「料理にはハッとするインパクトも大事」と、一品目の前菜には、まるでメインの魚料理かと思うほどのボリュームで嬉しいサプライズ感を演出する。タコのプリプリ食感が絶品の「下津井産タコのペペロンチーニ」や、手掴みで最後まで味わいたい「ウヅラのロースト」など、コース全体のバランスを考慮した料理の数々はどれも異なる調理法や味付け。仕入れにより日々異なる料理との出会いを満喫したい。

1

2

3

4

5

1. 鮮やかな手さばきを眺められるオープンキッチン仕様の店内　2. 板前→魚屋→イタリアンと異色の経歴を持つ谷口シェフ。多彩な経験から話題も豊富　3. 丁寧な下処理で殻まで美味しく食べられるサルエビの前菜　4. タコの食感が病み付き「下津井産タコのペペロンチーニ」　5. レモンのソースがウヅラと相性抜群

## More Menu

ランチコース・ヴェルデ／ 1200 円　ランチコース・ビアンコ／ 1900 円　ディナーコース（日替わり）／ 4000 円～
【ディナーの料金の目安／一人あたり　4000 円～】

*DATA*

住 倉敷市阿知2-22-3 奈良萬の小路1階
電 086-421-9888
時 11:30～15:00(LO13:30)、18:00～23:00(LO21:30)
休 月曜、第1火曜
P なし　HP なし
交 JR倉敷駅南口から徒歩8分
席 テーブル16席、カウンター6席
CARD 不可　禁煙（テラス席は喫煙可）
予 土・日は予約をお勧めします

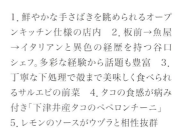

「カレイの唐揚げ 小角野菜のかき揚げのせ」。カラリと揚がったカレイと季節の野菜が口の中で交わる楽しさがある

倉敷市/日本料理

懐石料理

# 満喜

みつき

## 季節のストーリーを感じる繊細な手仕事と確かな味。

「魚屋みたいなもんですよ」と笑顔で語る店主は、毎朝4時に起きて自ら魚市場に出向き、競りに参加して魚を調達する。「新鮮なものは力が強いから」と店内には生け簀を置き、常に活きのよい魚を提供してくれる。刺身はどれも厚みがあり、新鮮な魚の旨みたっぷり。店主は割烹で長年修行を積み、懐石料理にも造詣が深い。自宅があったこの地に店を構えて13年。住宅地の中にひっそりと佇む隠れ家のような店だから「ここまで来てくれるからには夢を感じて帰ってもらいたい」と食材を花や蝶に見立て、季節感をストーリー仕立てで表現する。「飾っても味が良くなければ意味がない」という言葉どおり、どの料理も食材の持ち味をいかした上品かつ深い旨みが味わえる。一皿一皿に繊細な仕事が施され、これぞ日本料理の神髄という職人技と確かな味を感じることができる。

**おまかせ会席　3780円**

○先附:がざ海老の唐揚げ　○お向こう(お造り)　○炊き合わせ　○焼きもの:アイナメの木の芽焼き　○揚げもの　○酢のもの:ベイカの艶味噌がけ　○ご飯もの:焼きおにぎりのお茶漬け　藻貝の佃煮のせ　○デザート:イチゴ羹

※メニュー内容は季節・仕入れによって変更あり

1.個室、カウンター席含め、すべて足がのばせる掘り座席式。他のお客様への配慮から店内での写真撮影は禁止で、来店は中学生以上から　2.奥様の井本阿津子さん　3.お造りは必ず氷の上にのせて。にんじんの蝶が揺れる粋な演出も　4.本日の炊き合わせは煮穴子入りの道明寺を桜の葉で巻き、花びらゆりねを散らした「桜蒸し」。シメの「焼きおにぎり茶漬け」は香ばしい焼き目と佃煮がよい塩梅で、さっぱりといただける　5.一皿一皿に細かい手仕事が施されたコース全品

## More Menu

箱弁当（10食限定）／1944円　ミニ会席／2700円　※夜はおまかせコースのみ4320円～
【ディナーの料金の目安／一人あたり7000円～】

DATA

住 倉敷市西中新田418-7
電 086-425-5387
時 11:30～14:00(LO13:00)、17:30～22:00(LO20:00)
休 水曜、第1火曜　P 4台　HP なし
交 JR倉敷駅からバス約5分「倉敷成人病センター前」下車、徒歩5分
席 カウンター5席、座敷4席、個室2室
CARD 不可　喫煙可　予 昼は要予約

パスタが２種類付くランチは珍しいと評判
下津井産のタコの食感がアクセント！

倉敷市/イタリア料理

イタリア料理

# 星のヒカリ

ほしのヒカリ

**星のヒカリランチ　1500円**

○サラダ　○パスタ2種　○自家製デザートの盛り合わせ
○自家製フォカッチャ　○ドリンク

## 美観地区、話題のスポットで2種類の本格パスタを堪能。

倉敷美観地区の中心、「日本郷土玩具館」の隣、「陶慶堂」脇の細い路地を入ると、竹林庭園を望む別世界が広がる。2015年春に完成したばかりの「くらしき宵待ちGARDEN」だ。その一角にあるのが、岡山の名店「リストランテ・ステリーナ」の姉妹店「星のヒカリ」。イタリアでの修業経験に加え、和食店での経験も持つ異色のシェフが腕を振るう。「星のヒカリランチ」の特徴は、何といっても2種類のメインのパスタが味わえること。ソースの味はもちろん、一方は乾麺を、他方は生麺を使用し、パスタ自体の味も食感も変えるこだわりよう。この日は、チーズとベシャメル、ミートソースのバランスが絶妙な「ラザニア」。深い味わいでありながらクドさがなく、さっぱりといただける。季節を感じさせてくれる「下津井産のタコと菜の花のペペロンチーノ」も美味。種類豊富なデザートも嬉しい限り。景観と料理で幸福な時間を演出してくれる。ぜひ訪れてほしい店。

1. 2階は席のレイアウトも好みで変更でき、貸し切り対応も可能。竹林は散策も可能で、コンサートやイベントなども開催される多目的催事場として話題を集めている　2. シェフの有村さん　3.「星のヒカリランチ」ランチは混み合うので予約がおすすめ　4.「デザート盛り合わせ」少しずつ色んな味が楽しめると、女性客からは特に好評

## *More Menu*

昼のコース／2800円　夜のコース／3800円、5000円
【ディナーの料金の目安／一人あたり　3800円～】

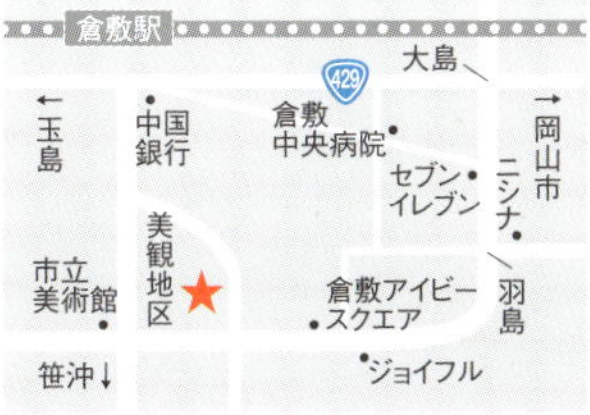


## *DATA*

住 倉敷市中央1-4-22 くらしき宵待ちGARDEN西棟1、2階
電 086-425-7766
時 11:00～15:00、17:30～22:00
休 火曜　P なし
HP http://www.kurashiki-yoimachi.co.jp/yoimachi/restaurant.html
交 JR倉敷駅から徒歩15分
席 テーブル28席
CARD 可　禁煙　予 可（2階席は要予約）

メインディッシュの「国産牛フィレ肉のステーキ」。
やわらかく、肉の旨みがたっぷり。グラムアップも可能

**お昼のミニコース　3996円 + スープ　324円**

○本日の前菜:季節のオードブル盛り合わせ　○本日のスープ:カボチャのポタージュ　○本日のお魚料理　○国産牛フィレ肉ステーキ(80g)　○パン　○デザート:プチデザートバイキング　○コーヒーor紅茶
※メニュー内容は季節･仕入れによって変更あり

倉敷市/フランス料理

RESTAURANT

# PONT NEUF

ポン・ヌフ

## クラシカルな雰囲気の中で豊かな時間をゆっくり過ごす。

南フランスの邸宅のような、風格のある建物が印象的な『ポン・ヌフ』。「本格的なフレンチを気構えることなく気軽に楽しんでもらいたい」というオーナーシェフは愛情を込めた料理をモットーとしている。ソースの舌触りなど細部まで気を遣い、手間暇を惜しまない。その一皿一皿の彩りの美しさは、まるでアートのよう。肉や魚、野菜などの食材はできるだけ近隣の新鮮なものを取り寄せ、燻製やピクルスも自家製。地元食材とフランス本場の味のコラボレーションが楽しめる。女性に好評なのは、すべてのランチコースについているプチデザートバイキング。ケーキ15種の中から3種と、アイス2種の中から1クープが選べ、ずらりと並ぶスウィーツにワクワクする。また、地下にはワインセラーがあり、輸入元でもあるためフランスから直接仕入れたワインがぎっしり。ワインとフレンチのマリアージュを心ゆくまで楽しめる。

倉敷市

1

2

3

4

5

1.南仏のお宅に招かれたような、本物の暖炉があたたかい雰囲気の店内　2.先代からお店を受け継ぎ、東京やフランスで修業してきた小野シェフ　3.本日のお魚料理は「寄島産の舌ビラメとホタテのメダイヨン　白ワインビネガーのクリームソースとビーツのソース」。メニューは旬のものを月替わりで　4.好きなものをチョイスできるのが嬉しいプチデザートバイキング　5.たくさんの食材が色とりどりで、絵画のように美しいプレート

## More Menu

今週のランチ／ 1188円　ランチコース／ 1836円　ポンヌフコース／ 3240円　ディナーコース／ 3955円、5650円、9040円
【ディナーの料金の目安／一人あたり2825円～】

### DATA

住 倉敷市上東516-7
電 086-462-8300
時 11:00～LO14:00、17:30～LO20:30
休 水曜（貸切の場合あり※HP要確認）
P 40台
HP http://www.pontneuf.jp/
交 JR中庄駅から車で10分
席 テーブル42席
CARD 可　禁煙　予 要予約

「豚ばら肉の蜂蜜こしょうロースト・レモンソース」
温められた器からも料理への情熱が伝わる

倉敷市/イタリア料理

イタリア料理

# Riva

リーヴァ

**Rivaランチ　2600円**

○前菜　○サラダ　○スープ　○パスタ　○メイン料理
○パン　○ドルチェ　○ドリンク

## 新鮮野菜をたっぷり使った腕利きシェフのイタリアン。

江戸期から栄えた老舗「奈良萬旅館」を改装した美観地区の新スポット「奈良萬の小路」にある本格イタリア料理店。「高梁川の水を使うのだから、その水で育った野菜や魚を使うのは当たり前」というほど食材にこだわり、シェフ自ら頻繁にＪＡなどにも足を運び新鮮野菜を仕入れてくる。そのため、コース全体で２０種類以上の野菜が採れるヘルシーさがこの店の魅力の一つとなっている。「Ｒｉｖａランチ」は週替わりで、旬素材を用いた力作ぞろい。この日のメインは、食感を残しつつ絶妙な柔らかさに煮込んだ豚バラ肉に、蜂蜜ベースの特製ダレを乗せオーブンで香ばしく焼き上げた絶品。また、夜は「時間をかけて食事自体を楽しんでほしい」と、ワンドリンク必須となっている。見た目の美しさ、味、器、全てが一体となった、まさに五感で味わう料理の数々に至福のランチタイムになること請け合い。

1

2

3

4

5

1. 大きなワインセラーには常時60種類ほどのワインを用意している。当時の梁をそのまま生かした2階席は歴史を感じる贅沢空間　2. 本場イタリアで修業を積んだオーナーシェフ。　3. 肉、魚、野菜と多彩な前菜　4. ピリッとした辛さが後引く「小エビときのこ・高菜のトマトソース」　5. カレー風味の自家製ピクルスなど豊富な野菜類を美味しく採れる「Rivaランチ」

## More Menu

パスタランチ／ 1350 円　メインランチ／ 1350 円　シェフのおまかせコース（夜のみ）／3700円　グラスワイン／650円～
【ディナーの料金の目安／一人あたり　3500円～】

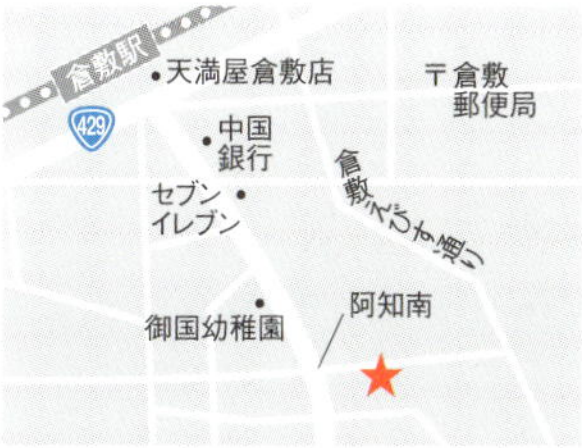


### DATA

住 倉敷市阿知2-22-3-2 1階
電 086-434-0500
時 11:30～LO14:00、18:30～LO21:30
休 水曜
P なし
HP なし
交 JR倉敷駅から徒歩10分
席 テーブル16席、カウンター9席、2階25席
CARD 不可　夜のみ喫煙　予 可

赤ワインソースが決め手「牛肉のハンバーグステーキ・
フォワグラのポワレと大根のコンフィ赤ワインソース」

倉敷市/フランス料理

レストラン
# 八間蔵
はちけんぐら

**シェフのおすすめランチ（月替わり）　2160円**

○アミューズ（一口前菜）○季節のポタージュ　○メイン料理　○野菜サラダ　○デザート　○パン　○コーヒー

## 国定重要文化財の米蔵を改装した風情ある空間でフレンチを味わう。

２００年以上前に建造された国定重要文化財「大橋家」の米蔵を改装した『八間蔵』。店名は蔵の奥行き八間（約１４．５ｍ）に由来する。当時の瓦をそのまま利用した平目地瓦張りの内壁は、他に類をみないほど城下町倉敷の歴史と風格を感じさせる。季節の素材と地元野菜を取り入れた「シェフのおすすめランチ」は月替わりで多彩な料理が楽しめる人気メニュー。この日のメインは、ジューシーなハンバーグと濃厚なフォワグラのうま味を赤ワインソースが引き立てる絶品肉料理。彩り鮮やかなアミューズや、コクのあるポタージュ、キレのあるフレンチドレッシングのサラダもコース全体を盛り上げる。質の良さを厳選したバターやクリームを使用することで、クドさがなく年齢を問わず親しまれる料理に仕上げている。オプションの「オードブル」７５６円も秀逸。和の空間で楽しむ本格フレンチを是非一度ご堪能あれ。

1. 非日常を演出してくれる高い天井と重厚な梁、瓦張りの壁の店内。おもてなしにも最適な落ち着いた雰囲気　2. ホテルならではの心尽くし、接客で迎えてくれる　3.コース全体のバランスを考えた彩り豊かな料理が並ぶ。焼きたてパンも香ばしい　4.オプション注文できる「オードブル」756円。魚介のマリネや鴨のパストラミ、チーズなどの日替わりワンプレート

## More Menu

蔵のステーキランチ／3240円　シーズナルランチ／4104円　フルコース／5400円～　グラスワイン／756円～　ボトルワイン／3780円～　【ディナーの料金の目安／一人あたり　4104円～】

*DATA*

住 倉敷市阿知3-21-19 倉敷ロイヤルアートホテル内
電 086-423-2400
時 11:30～14:30(LO13:30)、17:30～21:30(LO20:30)
休 なし
P 30台(ホテル全体で)
HP http://www.royai-art-hotel.co.jp
交 倉敷駅南口から徒歩10分
席 テーブル50席
CARD 可　禁煙　予 要予約

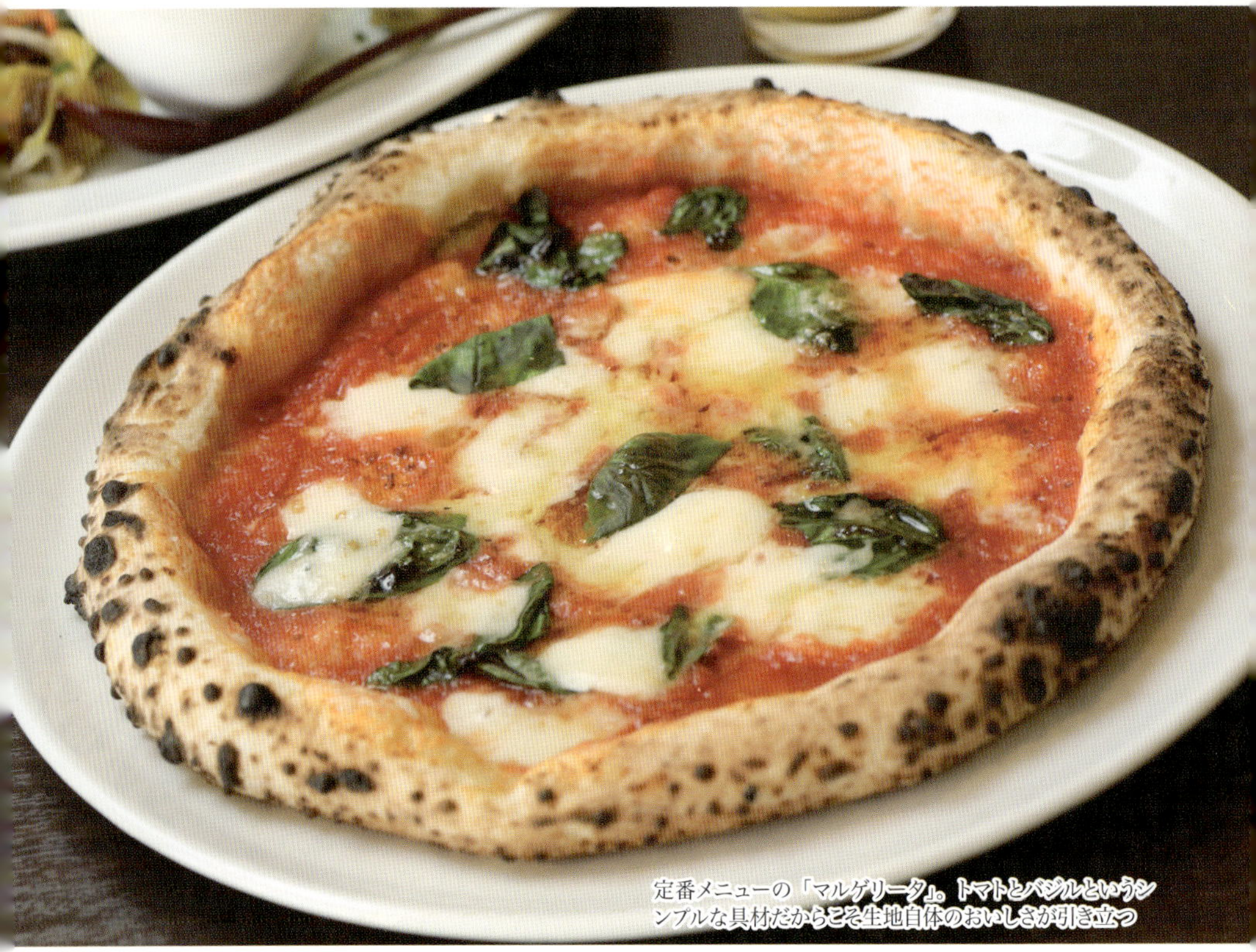

定番メニューの「マルゲリータ」。トマトとバジルというシンプルな具材だからこそ生地自体のおいしさが引き立つ

**Cランチセット　1480円**

○お好きなPIZZA（週替わり）:6種の中から1種　○前菜（盛り合わせ）　○ドリンク（ジュースなどお好きなドリンクから1種）　○Dolce盛り　○コーヒーor紅茶

倉敷市/イタリア料理

# PIZZERIA LIBERTA

ピッツェリア　リベルタ

## 薪窯で焼き上げるピッツァと本格イタリアンをカジュアルに。

イタリア直輸入の薪窯で焼く本格ナポリピッツァの店。東京や倉敷の有名店などで経験を積んできた店主は、ナポリピッツァ職人協会所属のピッツァ職人。くらしき作陽大学の食文化学部出身で、なじみ深い玉島に女性が入りやすい店を作ろうと、２０１５年３月に店を構えた。ランチセットは6種類から選べるピッツァとドリンクのAセット１０００円、プラス前菜のBセット１２８０円、Bセットにドルチェとコーヒーが付くCセットの3種類。薪を使った高温の窯で一気に焼き上げるピッツァは、ふっくらとやわらかくモチモチした食感。小麦の強い味と絶妙な塩加減で生地だけでも食べられるほどのおいしさだ。この生地を使ったパンの販売やピッツァのテイクアウト１０００円～も行っている。夜はピッツァを中心にパスタや肉料理などが付くコースがリーズナブルに楽しめる。アットホームながらも本格派のピッツェリアがここにある。

倉敷市

1.気軽に入れる明るい店内。子ども用イスの準備もある　2.店主でピッツァ職人の藤原優輝さん。クリスマスやバレンタイン、子どもの日などのイベントに合わせて遊び心あるピッツァも焼いてくれる　3.薪窯の温度は400〜500℃にもなる　4.本日の前菜はエスカベッシュ、ゼッポレ、モルタデッラのサラダ、スープの4種　5.ドルチェは写真のティラミス&パンナコッタのほか、チーズケーキやガトーショコラなども。何が出るかはお楽しみ

## *More Menu*

A ランチセット／1000 円　B ランチセット／1280 円　※ピッツァのみテイクアウトあり　ナポリセット（2 名〜）／1900 円（夜）リベルタセット（2 名〜）／2300 円（夜）
【ディナーの料金の目安／一人あたり　1900 円〜】

*DATA*

住 倉敷市玉島爪崎923-1
電 086-522-9675
時 11:00〜14:30(LO14:00)、17:00〜21:00(LO20:00)※日曜は昼のみ
休 月曜(祝日の場合は翌日)、日曜夜
P 3台　HP なし
交 JR新倉敷駅から徒歩10分
席 テーブル14席、カウンター6席
CARD 不可　禁煙　予 予約可

裏側には季節の食材がぎっしり。この日は瀬戸内海の穴子、下津井のタコをはじめ、ママカリに鰆、鯛、カンパチ、黄ニラなど

倉敷市/日本料理

食の異空間　和　kurashiki

# 蔵Pura《くらぷーら》 和膳《わぜん》 風《ふう》

**返し寿司ランチ 吟美　2600円**

○寿司:返し寿司　○揚物:天ぷら盛合せ　○温物:茶碗蒸し　○椀物:吸い物　○冷菓:本日のアイスクリーム

## 情緒ある倉敷の旧家でいただく江戸時代から伝わる郷土料理。

ＪＲ倉敷駅から北へ延びる倉敷一番街の終点にある閑静な佇まい。明治時代の旧家を再生したお屋敷でいただけるのは、瀬戸内の旬の魚介を使った料理の数々。中でも郷土料理の「返し寿司」は岡山でも食べられるところが少ない名物メニューだ。備前藩主・池田光政公の倹約令から逃れるために町人が生み出したと言われ、こちらでは現代風にアレンジして提供している。錦糸玉子のみの一見シンプルなバラ寿司をひっくり返すと、豪華な山海の幸がぎっしり。寿司の上の刺身は、たまり醤油を付けて寿司飯と一緒にいただく。寿司飯は、甘辛く炊いたシイタケとかんぴょうをそぼろにして酢飯に混ぜ込んだもの。さっぱりとした上品な甘みは、上にのった具材の味も引き立てる。「返し寿司」は豪華な具が見えるように裏側が透明になった専用の升の器に入っており、これを風呂敷で包んだ持ち帰り用２６４６円も用意されている。

1

2

3

4

5

1.蔵造りの趣が感じられる畳敷きのテーブル席　2.調理スタッフの小野耕平さん　3.中庭の緑がよく見える個室は全部で3室　4.「返し寿司」の本来の表側は、錦糸玉子が敷き詰められたこちら側。この状態から一度フタをしてひっくり返すと豪華な食材が現れる　5.地元食材がふんだんに使われており、「返し寿司」には瀬戸内の魚介のほか連島ごぼうの甘煮や連島の酢レンコンなど。天ぷらには下津井のタコや連島レンコン、タラの芽など

***More Menu***

五寸七彩御膳／1950円　昼会席 清風／3500円　ほか単品あり　会席 吟彩／7020円　会席 風月／5940円　料理長おまかせ／7020円
【ディナーの料金の目安／一人あたり 6000円〜】

*DATA*

住 倉敷市阿知3-18-18
電 086-435-2211
時 11:30〜14:30(LO14:00)、17:00〜22:00(LO21:00)
休 水曜、別途不定休あり
P 8台
交 JR倉敷駅から徒歩10分
席 テーブル80席、個室5室
CARD 可
分煙　予 予約不要

「ピーチポークロースのソテー 白皮かぼちゃのソース」は肉のきめが細かく、やわらか。白皮かぼちゃのあっさりした甘みが合う

**パスタとメインのランチ　2000円（デザートは+300円）**

○前菜の盛り合わせ　○スープ　○本日のパスタ　○お魚orお肉料理　○自家製フォカッチャ　○ドリンク　○デザート盛り合わせ:ガトーショコラ、紅茶のパンナコッタロワイヤル、カシスシャーベット　※メニュー内容は季節・仕入れによって変更あり

倉敷市/イタリア料理

# イタリアンGOSSI

イタリアン　ゴッシ

## 岡山の食材をふんだんに使ったこだわり野菜の本格イタリアン。

アットホームな雰囲気ながら、自家製の手打ちパスタと本格イタリア料理がリーズナブルに味わえると人気の『イタリアンＧＯＳＳＩ』。岡山県産の食材を積極的に取り入れ、特に野菜は美咲町の「わたみず自然農園」で作られたものを主に使っている。自然に近い野性的な味の野菜をしっかりと味わってもらうために、前菜の盛り合わせは色とりどりの野菜をふんだんに使用している。メイン料理にもソースなどに野菜を多用し、ボリュームがあるのにヘルシーなコースになっている。本日のパスタは自家製の手打ち麺でモチモチとした食感。コースに付いてくる自家製のフォカッチャも絶品で、しっとりとした生地はほのかに小麦の香りも。２切れ１００円でテイクアウトも可能。ピッツァも定番の「マルゲリータ」１２００円など６～７種類がテイクアウトできる。お客様のリクエストでテイクアウトやメニューも増やし、２０１３年５月のオープンから常に進化し続けている。

1.家庭的な雰囲気で気軽に本格イタリアンを楽しめる。子ども用のイスもあり、ベビーカーでもOK　2.「我が家に帰ってきたような気持ちでくつろいでほしい」と言うオーナーシェフの高越真人さん　3.本日のスープ「赤土ごぼうのスープ　ごぼうのチップ添え」と前菜盛り合わせ。前菜は季節野菜のフリット、レバーペースト、レンズ豆のサラダ、白身魚のテリーヌなど盛りだくさん　4.本日のパスタ「サーモンと菜の花のクリームソース 自家製タリアテッレ」5.コースはボリュームたっぷり

## More Menu

パスタランチ／1400円　季節プレミアムランチ(要予約、2名～)／3500円　パスタ単品（夜）／1200円～　選べるディナー（2名で）5000円　GOSSIコース／3800円

【ディナーの料金の目安／一人あたり　2500円～】

*DATA*

住 倉敷市加須山256　中村ビル102
電 086-697-5403
時 11:30～LO14:30、17:30～LO21:30
休 木曜（祝日の場合は営業）
P 10台（共同）
HP http://itarian-gossi.sakura.ne.jp/
交 JR倉敷駅からバス約11分「帯江」下車すぐ
席 テーブル20席
CARD 不可　禁煙　予 予約可

ワンランク上の贅沢ランチ
記念日や女子会にピッタリ。

**鳥取県産東伯和牛のステーキコース　4780円**

○前菜　○ファーストオードブル　○セカンドオードブル
○季節の厳選スープ　○東伯和牛のステーキ　○料理長厳選本日の手打ちパスタ　○スイーツ3種盛り合わせ

倉敷市/イタリア料理・フランス料理

designer café＆kitchen

# 72cafe

ナツカフェ

## デザイナーズカフェで味わう本格イタリアン&フレンチ。

倉敷の建築デザイン事務所『（株）意匠堂』プロデュースの料理と空間を楽しむカフェ。カフェでありながら欧州で修業を積んだシェフたちの作る本格的な料理が味わえる。こちらのコースの「東伯和牛」とは、体内に脂が溜まりにくいオレイン酸を多く含んだブランド和牛のこと。焼き上げた時の香りの良さと濃厚な肉のうま味に定評がある。この貴重な「東伯和牛」を味わえるのは岡山県下では『７２カフェ』だけ。一口噛めばジュワッと広がる肉汁と香りを是非確かめてみて。コースだけでなく単品のパスタやデザートメニューも充実しているので、シーンに合わせて利用したい。席ごとに異なるテーブルやソファーを配したこだわり空間は、場所によって雰囲気が変わり何度訪れても新鮮。ランチを楽しみながらメイクレッスンが受けられるイベントを開催するなど、斬新な企画を提供する新感覚カフェから目が離せない。

1.漆喰の壁に飾られたグリーンが映える。席ごとに違った雰囲気が楽しめ、何度でも訪れたくなる　2.個室仕様のVIPルーム。各種イベントはこちらで開催される　3.「ポテトのニョッキ・生ハムとトリュフのトマトソース」　4.パティシエが日替わりで作る三種盛りデザート　5.脂身と赤身が説妙なバランスの東伯和牛。素材の良さを生かして塩やすだちでシンプルに

## More Menu

料理長厳選コース／3480円　フルコース／2780円　カジュアルコース／1480円　各種スイーツ（72カフェ創作あんみつ、ティラミス、ボネ　等）650円～　神戸萩原コーヒー／380円～
【ディナーの料金の目安／一人あたり　3000円～】

## DATA

住 倉敷市新田3219-3
電 086-441-7720
時 11:30～21:00　※金、土、日曜は～22:00
休 木曜
P 20台
HP http://72-café.com
交 八軒屋北交差点を西に進み、約500m先右手
席 テーブル45席
CARD 可　分煙　予 可

熟成バルサミコソースの程よい
酸味がステーキと相性抜群。

倉敷市/イタリア料理

シチリア料理

# 煉天地

れんてんち

**パレルモ　3024円**

○アンティパストミスト4品　○本日のスープ　○本日のパスタ(ハーフサイズ)　○肉料理　○炭火焼きフォカッチーノ　○デザート盛り合わせ　○コーヒーorエスプレッソor紅茶

## 倉敷を代表する名店で本格シチリア料理に舌鼓。

倉敷駅から美観地区に向かう大通りに面したレンガ造りのビルの1階が「煉天地」。昭和53年創業以来の倉敷を代表するイタリア料理店だ。地方によって味付けが異なるイタリア料理にあって、シェフが惚れ込んだのが柑橘類やシーフード、新鮮野菜やナッツ類などを多く使うシチリア料理。バターを使わずオリーブオイルのみで調理した料理はさっぱりとした口当たりで、毎日でも食べたくなる。お店で提供するメニューはフォカッチーノをはじめソース類まで全て手作り。なかでも自家製生ハムは塩加減が絶妙で、料理への心意気が伝わる逸品。低温でじっくり加熱した柔らかくジューシーな「牛フィレステーキ」や華やかな盛りつけに心躍るデザートまで、期待を裏切らない充実のコース内容となっている。お酒をメインに料理も味わえるワインバーを徒歩1分の別棟で展開、シーンに合わせて楽しみたい。

1

2

3

4

5

1．奥に向かって広がるシックな店内。レンガ使いの腰壁やさりげないディスプレーにも趣味の良さが表れている　2．シチリアに惚れ込んだオーナー。毎年スタッフの研修旅行でイタリアに　3．4種盛りの前菜「アンティパストミスト」イタリア野菜も味わえる　4．ごまを練り込んだ飾りの飴細工は秀逸　5．ランチコース「パレルモ」。パレルモとはシチリア地方の都市名

## More Menu

パネッレ／648円　スパゲティ・トラパネーゼ／1404円　ピザ・ベーコン玉子1620円　牛フィレ肉ステーキ／2,808円　肉料理コース／4,860円　グラスワイン／648円～　ボトルワイン／3024円～【ディナーの料金の目安／一人あたり　3000円～】

DATA

住 倉敷市阿知2-19-18
電 086-421-7858
時 11:30～14:00、18:00～22:00（LO21:30）
休 火曜
P なし（丸五モータープール利用可）
HP http://www.rentenchi.com
交 JR倉敷駅から徒歩8分
席 テーブル34席
CARD 可　禁煙　予 可

酢締めのままかりをにぎり寿司にした「ままかり寿司」。淡泊でさっぱりとした味わいのままかりに、爽やかな酸味がよく合う一品

**ままかり定食　2700円**

○前菜　○ままかりのお刺身　○ままかりの酢漬け　○ままかり寿司　○小鉢　○お味噌汁　○甘味

倉敷市/日本料理

# 浜吉 ままかり亭

はまよし　ままかりてい

## 風情ある美観地区の米蔵で瀬戸内の郷土料理を味わう。

美観地区の中にある１８０年前の米蔵を改装した白壁の建物。大きな梁が当時の面影を残す店内は、民芸調であたたかな雰囲気を醸し出している。こちらでいただけるのは瀬戸内の魚の幸を中心にした岡山の郷土料理の数々。メバルは煮付けや塩焼き、シャコはお造りや唐揚げなど、旬の魚介をさまざまな調理法で提供してくれる。中でも岡山を代表する魚ままかりを、お刺身、酢漬け、にぎり寿司で味わえる「ままかり定食」がおすすめ。県外からのお客様をもてなすのにもぴったりのメニューだ。また、タコの卵をボイルした「たこもち」や肝を煮詰めた「たこみそ」、「このわた」などの珍味も取りそろえていて、これらを肴に一献傾けるのも粋な楽しみ方。日本酒は地元倉敷の森田酒造のもので、ここにしかない林家木久扇さんデザインのオリジナルラベルのものもある。観光地の真ん中にあっても地域に根差したアットホームな店だ。

1

2

3

4

5

1.米蔵だった当時の雰囲気が漂う2階の座敷席　2.けやきの一枚板のテーブル席からは中庭も臨める。1人でも立ち寄りやすいカウンター席もある　3.地酒1合648円〜。店オリジナルの林家木久扇ラベルにはイラスト入り　4.ままかりをさまざまな調理法で味わえるコース　5.本日の前菜は、茶ぶりナマコ、えのきと水菜のおひたし、かぶらの千枚漬け、黒豆の4種類。ままかりの酢漬けは三杯酢の「焼き酢漬け」と、甘酢の「生酢漬け」の2種類を食べ比べてみて

## More Menu

焼魚定食／ 1944 円　自家製豆腐まんじゅう定食／ 1620 円　浜吉定食／ 3240 円　会席料理（夜、前日までに要予約）／ 4320 円〜　単品料理もあり

【ディナーの料金の目安／一人あたり　4000 円〜】

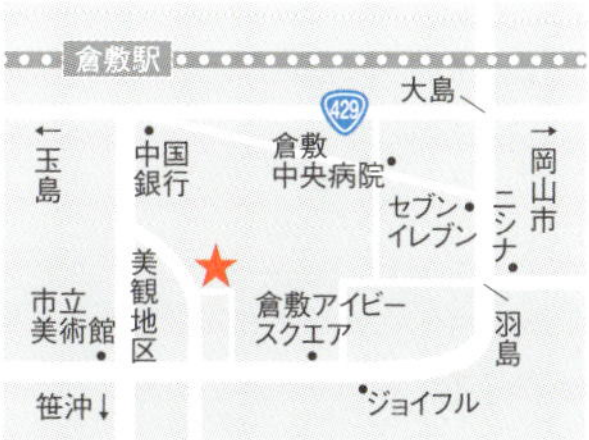


*DATA*

住 倉敷市本町3-12
電 086-427-7112
時 11:30〜14:00、17:00〜22:00
休 月曜（祝日の場合、年末年始は営業）
P なし
HP http://www.hamayoshi-kurashiki.jp/
交 JR倉敷駅から徒歩15分
席 テーブル37席、カウンター5席、個室1室
CARD 可　一部禁煙　予 予約可

2時間かけてじっくり蒸し、野菜の甘味を引き出した
トマトクリームは大人気の看板メニュー

倉敷市/イタリア料理

イタリア料理

# Gran Carro

グランカッロ

**コースランチ　1950円**

○前菜盛り合わせ　○パスタ（3種類から一品選択）　○サラダ　○自家製パン　○お肉又はお魚料理　○本日のデザート　○ドリンク

## 好きなものを選べる楽しさを！カジュアルに楽しむイタリアン。

ランチタイムにはＯＬやビジネスマンなどで常に賑わう「グランカッロ」。自家製無農薬野菜や朝摘みハーブを使った、体に優しい日本人好みのイタリアンが味わえると評判の店。やわらかな陽射しの差し込む開放的な店内は、気持ちまで明るくさせてくれるよう。

「コースランチ」のパスタは3種類から選ぶことができる。常時用意されている「海老のトマトクリームソース」の他、日替わりが2品。メイン料理も肉か魚の選択が可能で、自分好みにアレンジできる自由度の高さも人気の理由だ。

この日の肉料理「和牛ほほ肉の赤ワイン煮込み」は、箸でも切れるほど柔らかく、野菜と赤ワインの濃厚なうま味が口いっぱいに広がる逸品。素揚げしたゴボウの香りも名わき役として料理を引き立てている。食後はパティシエが作る極上デザートで至福のときを。ケーキは1カット420円で販売もあり、楽しい時間のお裾分けに最適。

1. 明るい配色で気持ちまで華やかぐ。コツコツと響く靴音も心地よい店内　2. 「満足してもらえる料理」がモットーと話すシェフ　3. ランチメニューによっては8〜10種類の中から好きなものを選ぶことが出来るデザート　4. 前菜。クワトロフォルマッジョのキッシュは人気　5. 味もボリュームも大満足の「牛ほほ肉の赤ワイン煮込み」

## *More Menu*

パスタランチ／ 930 円　お肉のランチ／ 1030 円　パスタコースのランチ／ 1300 円
※好きなケーキが選べる食後のデザートセット／ 260 円
【ディナーの料金の目安／一人あたり　1550 円〜】

*DATA*

住 倉敷市西中新田632-1 きくやビル1階
電 086-427-1178
時 11:30〜15:00(LO14:30)、17:30〜22:00(LO21:30)
休 月曜、(祝日の場合は翌日)
P 28台(共用)
HP http://hitosara.com/0005032773/
交 JR倉敷駅からバス5分「倉敷市役所前バス停留所」下車すぐ
席 テーブル　24席、カウンター　8席
CARD 可(3,000円以上から)　禁煙　予 可

表面はカリッと香ばしく、中は
しっとりジューシーな和牛ロティ

倉敷市/創作料理

カフェ&レストラン

# てんとうむし

てんとうむし

**和牛ランチ　2376円**

○前菜　○スープ　○和牛のロティ　○パンor ライス
○ドリンク

## 体に優しい味を。オーガニックテイストの創作フレンチ。

県内屈指の有名ホテルで腕を磨いたシェフが作り出す料理は、「毎日でも食べてもらえる体に優しい料理」がコンセプト。日本人の味覚に合わせ、大根おろしやしょう油など和のエッセンスを取り入れた、無添加にこだわった創作フレンチ。旬の食材を使い、季節を感じさせる前菜、野菜の甘みが体に染み込むようなポタージュ、上質な肉のうま味を引き立てる味わい深いマデラソース。ちょこんと付いてくる一口スイーツ。どの一皿も一口食べれば口いっぱいに幸福感が広がる。「優しさ」へのこだわりは料理だけでなく、車椅子でも利用可能なトイレ、地元真備の竹を使ったテーブルなど、バリヤフリー仕様で建てられた店内の至る所に表れている。4000円以上のコース料理を予約すれば、定休日であってもパーティや貸切りに応じてくれる。欧州では幸福のシンボルとされる『てんとうむし』で至福のひとときを。

1. 無添加住宅で建てられたオーナーこだわりの体に優しい店舗　2. オーナーシェフの片岡さん。3. 人気の「和牛ランチ」食後のドリンクに付いてくる一口デザートが嬉しい　4.「前菜」サーモンの炙り焼き・ほうれん草と卵黄のソース（週替わり）付け合わせのフキノトウのベニエが季節を感じさせる

## More Menu

スタンダードランチ／1836円　てんとうむしランチ／2916円　てんとうむし和牛ランチ／3456円　朝ごはん／ドリンク料金プラス216円～【ディナーの料金の目安／一人あたり　2000円～】

### DATA

住 倉敷市広江2-6-1
電 086-455-0863
時 7:00～17:00（火・木・金）、7:00～20:00（土・日・月）
※ランチは11:30～14:30　ディナーは17:30～（土・日・月のみ営業）
休 水曜、第1水曜日に続く木曜日　P 8台
HP tentoumushi2013.com
交 JR倉敷駅からバス約20分「広江山の鼻」下車、1分
席 テーブル30席
CARD 不可　禁煙　予 可

地元産のタコや海老など新鮮な
魚介を使った魚料理が人気

倉敷市/イタリア料理

TRATTORIA

# ボーノ・ウーノ

ボーノ・ウーノ

## 熟練の火加減が冴えわたる木立の中の隠れ家イタリアン。

知る人ぞ知る隠れ家的なイタリアンレストラン『ボーノ・ウーノ』。オリーブの木ややブルーベリーが茂り、まるで森の中に居るような空間で、非日常へといざなってくれる店だ。この日のメインは、地元産のタコや海老を使った「魚介のグリルミストハーブバターソース」と、鼻から抜けるしょう油の香ばしさがたまらない「赤身の和牛のしょう油アフォガードステーキ」。どちらも素材に合わせたベストな火加減を追及した調理法で、魚介類はプリプリ、肉は柔らかくジューシーな仕上がりに。コテコテし過ぎない優しい味付け、バラエティー豊かな料理の数々で、遠方からのリピーターも数多いのもうなずける。驚くことに食材の持ち込みにも可能で、事前に予約すれば自分の食べたいものをリクエストすることもできる。各種パーティをはじめ法事などの会食にも応じてくれるので気軽にご相談を。

**プランゾコース due　3600円**

○前菜　○サラダ　○パン　○スープ　○肉料理　○魚料理　○パスタ　○ドルチェ　○コーヒーor紅茶

1

2

3

4

5

1. 空間を贅沢に使ったゆったりとした店内。個室やテラス席もある　2.「料理は火加減が命」と話す気さくな人柄のオーナーシェフ　3. 低温でじっくりと味をしみ込ませた柔らかくジューシーなステーキ　4. 前菜プレート。ゴマやナッツを練り込んだクリームチーズなどは瓶詰で売って欲しいとの声も多い　5. 味も量も大満足のプランゾコース

## More Menu

パスタランチ A・B（週替わり）／ 1260 円　パスタプランゾ 1890 円　プランゾコース・uno ／ 2800 円
【ディナーの料金の目安／一人あたり　3500 円～】

### DATA

住 倉敷市児島小川町3681－13
電 086-472-8039
時 11:30～LO14:00、18:00～21:00（LO20:30）
休 月曜（祝日の場合は翌日）
P 隣接のタイムと共用　HP なし
交 JR児島駅から徒歩10分
席 テーブル28席、カウンター6席
CARD 不可　昼は分煙、夜は喫煙
予 夜のみ要予約

山海の幸が盛り込まれた八寸。この日は全部で12品。
だし巻きからイクラや鮭、合鴨やスペアリブなど盛りだくさん

倉敷市/日本料理

御膳房

# 指東

しとう

**指東膳　3996円(要予約)**

○小鉢:帆立とウルイの酢味噌がけ　○八寸　○お造り:鯛とブリのお造り　○炊き合わせ:ブリ大根　○焼き物:牡蠣グラタン　タラの芽の天ぷら添え　○吸物:鮭の粕汁　○ご飯:穴子の温寿司　○フルーツ

## 倉敷の古民家でいただく繊細な心づくしのランチ。

JR倉敷駅前の商店街から通りをひとつ入ったところにある、築100年近い古民家を改装した『指東』。和食一筋の長いキャリアを持つ店主は、出来合いのものを使うことを許さず「それができないから、完成度の高いものを目指してひとつひとつ丁寧に作っている」と語る。品数豊富で彩りも美しい八寸は、上質な食材とベテランの成せる技が凝縮された一皿。季節の幸を集めて素材ごとに様々な調理法が施されている。この日は「鮭の幽庵焼き」や「牛とゴボウの八幡巻き」、「菜の花の数の子和え」などの12品。どれも繊細でありながら上品な旨みがしっかりと感じられ、日本料理の持つ絶妙な味わいを堪能できる。季節ごとの名物料理もあり、「この時期にここに来れば、あの料理が食べられる」と心待ちにしているお客様も多いとか。季節が巡るごとに、この店の味を思い出してお客様が立ち寄ってくれるのが嬉しいと言う。

1

2

3

4

5

1.築100年近くになる古民家を改装した店内　2.店内奥の座敷席からは中庭も臨める。夜はお部屋代として200円～が必要　3.シンプルな鯛とブリのお刺身にも魚の旨みがしっかりと感じられ、ご主人の目利きの良さが光る　4.寒い時期のご飯ものは「穴子の温寿司」。お客様にあたたまっていただきたいという思いから　5.食材の数も豊富なコース全品。写真奥の「牡蠣グラタン」は大ぶりの牡蠣の殻に身がたくさん詰まったクリーミーなグラタン。季節のタラの芽の天ぷらを添えて

## More Menu

昼膳／ 2000 円　刺盛膳／ 1600 円　牛鍋セット／ 1500 円　煮魚膳／ 1300 円　天盛膳 /1200 円　お気軽コース／ 3996 円（夜）　おまかせ会席／ 5400 円、6480 円～（夜、要予約）

【ディナーの料金の目安／一人あたり 6000 円～】

### DATA

住 倉敷市阿知2-14-1
電 086-476-8830
時 11:30～14:00(LO13:30)、17:30～22:00(LO21:30)
休 月曜（祝日の場合は翌日）
P なし
HP http://www7b.biglobe.ne.jp/~gozenbo-shito/
交 JR倉敷駅から徒歩8分
席 テーブル12席、座敷18席
CARD 不可　喫煙　予 ランチ時の指束膳は要予約

青菜の程よい苦味が絶妙なアクセントの
「鬼アサリの青菜のシャラティエリ」

Specialランチ　3500円

○前菜　○パスタ　○メイン料理　○ドルチェ　○食後のお茶
※パスタは4種類の中から選択　メインは5種類の中から選択（プラス料金（500円〜）になるものもあり）

倉敷市/イタリア料理

TRATTORIA
# はしまや
はしまや

## シェフの料理哲学が作り出す計算し尽くされたイタリアン。

倉敷美観地区の少し外れに佇む、古民家を利用した風情あるレストラン『はしまや』。オープン以来クチコミで瞬く間に認知されたイタリア料理店だ。シェフの最大のこだわりはパスタ。イタリア料理店において「パスタは店の顔」との信念から、麺は伝統製法を守るナポリの老舗メーカーのものを使用。麺に合わせたソースは多様で、どれを選ぶか悩ましいほど。写真の「鬼アサリの青菜のシャラティエリ」はアサリのうま味が溶け込んだソースに、青菜の苦味が絶妙なアクセントとなった逸品。上質な素材に丁寧な下処理を施したジビエ料理にも定評がある。シェフは「シンプルな調理法ゆえにごまかしが効かないのがイタリアン。完成形をイメージし素材に合った最適な調理を追求しました」と話す。ソムリエの資格も持つシェフは、料理に合うワインのセレクトもしてくれるので接待の場としての利用もおすすめ。

1

2

3

4

5

1. 趣きある和モダンな店内　2.「美味しいパスタを食べるなら『はしまや』だ」と言われる店にしたいと話すオーナーシェフの楠戸さん　3. 洋酒の香りがフワッと広がるいちごの杏仁豆腐とナッツのセミフレッド」　4.「魚卵とからすみのスパゲッティー」ニンニクと唐辛子を効かせたオイルベースのパスタ　5. プラス500円のメイン料理「ジビエ・新見のイノシシの煮込み」トリュフをあしらった豪華な一皿

## More Menu

はしまやランチ／ 1800 円　徳島のプリプリ鬼アサリのソテー／ 1800 円　鮑とピスタチオの手打ちキタッラ／ 2800 円　各種グラスワイン／ 950 円～
【ディナーの料金の目安／一人あたり　5000 円～】

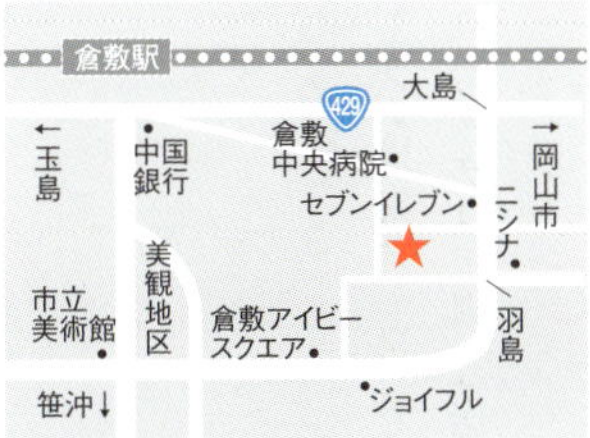


### DATA

住 倉敷市東町2-4
電 086-697-5767
時 11:30～14:30(LO13:30)、18:00～22:30(LO21:30)
休 火曜
P 14台
HP http://t-hashimaya.ecgo.jp
交 倉敷駅南口から徒歩15分
席 テーブル16席、カウンター9席
CARD 可　禁煙　予 要予約

メインの「海老と北寄貝のアメリケーノ」。海老をまるまる使った独特の甘みと深いコクの中にも和風ダシが隠し味になっている

倉敷市/日本料理

創作和風ダイニング

# Tavern本将

タバーンほんじょう

**大将の気まぐれランチ　1600円**

○付き出し:エノキの白和え　○温菜:豆乳豆腐　○カルパッチョ　○揚げもの:天ぷらの盛り合わせ　○メイン:海老と北寄貝のアメリケーノ　○ご飯もの:カルパッチョ丼　○そば(かけorおろし)　○デザート:豆乳プリンとケーキ　○コーヒー　※メニュー内容は季節・仕入れによって変更あり

## 本格寿司と日本そばが自慢の、和ダシをベースにした創作料理。

ＪＲ新倉敷駅近くの、この地に店を構えて約３５年。元々は寿司屋だった店を現在の創作和風ダイニングにして８年。「作るのが好きじゃから何でもやってみたくなるんよ」という店主がアイデアあふれる創作料理を提供してくれる。コースのメインディッシュは本格的な洋食だが、ベースにカツオだしを使っているので、和洋折衷のメニューでもそれぞれ上手くマッチしてコース全体がまとまっている。寿司屋として長く魚を扱ってきただけあり、下津井や笠岡など近海の魚を中心に仕入れる目利きは確かなもの。食材や調味料ひとつに取っても深い造詣とこだわりがある。おすすめは毎朝手打ちしている日本そば。そば粉は石臼で引き立てのものを取り寄せ、ブレンドにも心を砕く。噛むとそばが香り、押し戻されるようなしっかりとしたコシがある。ツユにはほどよい甘みがあり、単品でもいただけるこのそばのファンも多い。

1

2

3

4

5

1.天井が高く、開放的な店の奥にはテーブル席の個室やカウンターも　2.ゆずこしょうからデザートの豆乳プリンまで手作りする店主の田邉晋一さん　3.コースのそばは「かけ」か「おろし」が選べる。「かけ」のツユは干しエビの甘みがやさしく、「おろし」は白だしツユに大根おろしで、さっぱりと　4.「鴨のカルパッチョ」は蜂蜜とマスタードのソースで。ドレッシングは、だしを引いたカツオや味噌を使った和テイスト　5.和ダシベースで、和洋折衷でも不思議とまとまりのあるコース全品

## More Menu

ちょっと贅沢ランチ（要予約）／ 2050 円　お気軽ディナー／ 3240 円　ちょっと贅沢ディナー（要予約）／ 3600 円、4650 円、5650 円、6500 円
【ディナーの料金の目安／一人あたり 4000 円】

### DATA

住 倉敷市新倉敷駅前3-72-1
電 086-522-6162
時 11:30〜14:30(LO14:00)、17:00〜23:00(LO22:00)
休 水曜、第2火曜　P 8台
HP https://www.facebook.com/tavernhonjo/
交 JR新倉敷駅から徒歩8分
席 テーブル6席、カウンター6席、座敷20席、個室1室
CARD 不可　喫煙(昼は禁煙)　予 コースによっては要予約

# INDEX

Staff

[編集・製作]
株式会社ワード
岡山市北区中山下 1-11-15　新田第一ビル 2 階
http://word-inc.com

[取材・撮影・執筆]
三宅耕介・中西幸子・福井久美子・井手口陽子・森昌史
梅木貴史・太田裕子・瀧澤優・堤保代・藤本珠美

[Design] 井上千恵子・植田屋

# 岡山・倉敷 こだわりの上等なランチ

2016 年 4 月 30 日　第1版・第1刷発行

著　者　Word inc.(わーどいんく)
発行者　メイツ出版株式会社
代表者 前田信二
〒102-0093 東京都千代田区平河町一丁目 1-8
TEL：03-5276-3050（編集・営業）
03-5276-3052（注文専用）
FAX：03-5276-3105
印　刷　株式会社厚徳社



メイツ出版ホームページアドレス http://www.mates-publishing.co.jp/
編集長：折居かおる　企画担当：堀明研斗　制作担当：清岡香奈